有"典"无忧

——名律师讲《民法典》

邢益强 吴昌恒 编著

SPM
南方出版传媒
广东人民出版社
·广州·

图书在版编目（CIP）数据

有"典"无忧：名律师讲《民法典》 / 邢益强，吴昌恒编著．—广州：广东人民出版社，2021.2
ISBN 978-7-218-14459-7

Ⅰ.①有… Ⅱ.①邢… ②吴… Ⅲ.①民法—法典—基本知识—中国 Ⅳ.①D923

中国版本图书馆CIP数据核字（2021）第022798号

YOU "DIAN" WUYOU——MING LÜSHI JIANG《MINFADIAN》

有"典"无忧 ——名律师讲《民法典》

邢益强 吴昌恒 编著　　　　　　　　　　版权所有 翻印必究

出 版 人：肖风华

出版统筹：钟永宁
责任编辑：卢雪华　曾玉寒　廖智聪　伍茗欣
装帧设计：河马设计
责任技编：吴彦斌　周星奎

出版发行：广东人民出版社
地　　址：广州市海珠区新港西路204号2号楼（邮政编码：510300）
电　　话：（020）85716809（总编室）
传　　真：（020）85716872
网　　址：http://www.gdpph.com
印　　刷：广东鹏腾宇文化创新有限公司
开　　本：787mm×1092mm　1/32
印　　张：5.875　　字　　数：120千
版　　次：2021年2月第1版
印　　次：2021年2月第1次印刷
定　　价：35.00元

如发现印装质量问题，影响阅读，请与出版社（020-85716849）联系调换。
售书热线：020-85716826

本书编委会

主　任：邢益强

副主任：吴昌恒

成　员：郝志国　张文婕　关嘉文　陈　晖

序一

　　作为市民社会的基本法，民法承载着丰富的政治、经济、社会、文化等诸多功能。而民法典作为大陆法系国家的民族史诗，其编纂或修订历来举世瞩目。编纂民法典从来都是一个国家风云激荡岁月的浪漫之举，是民族独立、社会发展、文明进步的重要表现，在整个国家法治现代化进程中具有里程碑式的意义。如果说一个国家需要有属于自身的形象工程的话，那么民法典就是这个国家在制度层面最重要的标志性工程。

　　近代社会自1804年《法国民法典》算起，民法典统辖整个民事生活的历史只有短短216年。但民法典对人类合作精神和法治意识提升的贡献是巨大的。倡导平等交换、自由协商理念的民法典，系统回应了普遍的人性需求，其规则具有超越时空和政经环境的体制中立性。以民法典为核心的法治体系，早已被证明是发展市场经济、促进人类幸福最有效的手段。今天我们可以看到，真正遵循民法典理念的国家，无论其政治生活怎样多变难测，其民事生活始终保持稳定，人们的智识与良知水准比较高。

民法典是新中国成立以来第一部以"法典"命名的法律。以典为名，象征国之重器，法之根本。民法典脱胎于新中国成立后填补立法空白的时代，成长于改革开放后突飞猛进的大规模造法阶段，最终成型于中国特色社会主义法治事业发展的新时期。民法典从一开始就被寄予了很高的期望，民法典的编纂、颁布与实施被视为体现人民利益至上执政理念的重大举措。"从摇篮到坟墓"，一个人一生各阶段的权利，都可以在民法典中找到答案。可以说，民法典是一部真正属于老百姓的法律。

民法典内容复杂，体系庞大，规则概念抽象晦涩，要准确把握其核心要义有着很高的专业门槛。民法典宣传与实施的难度丝毫不亚于编纂。我始终认为，民法典的宣示意义远大于其技术意义。如何让普罗大众都能读懂民法典，了解熟悉民法典规则，理解立法背后的价值选择，是后法典时代最重要的任务。世界立法的历史与现实表明，唯有根植于民众生活的鲜活法条与生动案例，才是民法典贯穿时空和历久弥新的生命力所在。要开启21世纪信息互联网时代的序幕，更要重视民法典的宣讲与普及，以此获得更广泛的社会接受度，最大限度凝聚社会共识。

不同于立法机关与民法学者侧重于抽象规则的解读方式，律师作为服务大众的一线法律工作者，在面向普通民众的法制宣传时无疑更具有知识结构与语言风格方面的优势，能以通俗易懂和贴近生活的方式被老百姓所接纳，因而注定在民法典普法中扮演着重要的角色。现代认知心理学早已揭示，生动显著的信息更容易进入人们认知与决策的范围。这意味着"以案释法"的解读方式将会大受欢迎。

邢益强律师与吴昌恒律师共同编著的《有"典"无忧——名律师讲〈民法典〉》一书，无疑是当下"以案释法"解读民法典的普法宣讲读物中极为出色的作品之一。本书体例新颖，形式活泼，将民法典的法条规则与模拟案例很好地结合，对民法典众多重点亮点进行了研判和分析，可读性很强。读者完全可以通过本书从整体上掌握民法典的立法精神与核心要义，进而指引自己的生活，让民法典成为镌刻自身权利的圣经，真正实现"有典无忧"。

本书作者均来自于广东环球经纬律师事务所，这是华南地区最优秀的律师团队之一。邢益强律师曾担任广州市律师协会会长、广州市人民政府法律顾问，其专业能力精深、涉猎业务广泛，自不待言。本书另一作者吴昌恒律师，长期从事民商事诉讼与非诉业务，年富力强，专业精通，执业经验丰富，对案件具有非常敏锐的触觉，无论从个人修养还是法律素养来看，都是我本人见过的最杰出的中青年律师。吴昌恒法学功底深厚，颇具学术造诣，且热心公益事业和公共服务，由他来撰写这样一本民法典普法读物，再合适不过。吴昌恒在繁忙的工作之余，仍对本书报以这么高的热情，全程毫无保留地投入，完成质量之高，令人肃然起敬。两位作者锐意进取，志同道合，意气相投，共同致力于民法典的普及宣传。我为中国法治事业拥有这么有奉献精神的优秀律师而感到由衷的欣慰。期待他们在未来的事业中再创高峰！

是为序。

杨彪

中山大学法学院教授、博士生导师

广州地区十大杰出中青年法学家

2020年8月4日

序二

　　民法典是"社会生活的百科全书"。习近平总书记指出："民法典在中国特色社会主义法律体系中具有重要地位，是一部固根本、稳预期、利长远的基础性法律，对推进全面依法治国、加快建设社会主义法治国家，对发展社会主义市场经济、巩固社会主义基本经济制度，对坚持以人民为中心的发展思想、依法维护人民权益、推动我国人权事业发展，对推进国家治理体系和治理能力现代化，都具有重大意义。"习近平总书记的这段话，高度地肯定了民法典对我国法治建设的重要意义和重要价值。

　　民法典是与百姓生活联系最为密切的法律。一个人从出生、教育、成长，到工作、结婚、买房，再到生子、养老、死亡，一生中的重要时刻乃至每时每刻都与民法典有着千丝万缕的联系，看民法典就仿佛在看这个时代这个国家一个最普通百姓一生的故事，这是民法典特有的柔情和温暖。"百姓故事，民法情怀"，这是我和吴昌恒律师编著这本书的初衰。我们希望以最贴合当下百姓生活的故事，结合多年来办理民事案件、处理民事纠纷积累的经验，从现实提取案例、将法条溶于生活，引领读者对民法典做一次通俗易懂、较为系统的通读。

对非专业法律人士而言，要读懂悟通民法典，我认为，要循序渐进，具体而言，可以分为三个阶段：

第一阶段，先了解基本的民法常识。一些在生活中被认为合理的现象或要求在法律上却不一定会被支持。例如，与不少民众对"出轨方应当净身出户"的"朴素"认知不同，婚姻法并没有这样的规定，甚至连被出轨方的精神损害赔偿都予以必要限制，不是动辄支持；再比如，本书中所提到的"流押条款"，简单来说就是约定在债务人履行期限届满抵押权人未受清偿时，抵押物所有权直接转移为债权人所有，这种看起来你情我愿、方便快捷的债务清偿方式，民法典却并不支持。了解这类法律常识，有助于我们在日常生活中少犯常识性错误，理性并依法处理民事纠纷，合法行使民事权利。

第二阶段，学会运用民法知识。譬如，今年的新冠肺炎疫情期间发生了大量因受疫情影响而不能正常履约的合同纠纷。对于这种情况，民法典中有关于不可抗力和情势变更的条款，根据这些条款，主张不可抗力需要满足什么条件，什么情形可以主张情势变更，如果主张不可抗力要提前做好哪些准备，这些问题在民法典中都有答案。学会运用民法典，将能有效地防范化解民事纠纷、减免民事责任，更好地维护自己和他人的合法权益，从而营造和谐安宁的社会环境，实现社会的长治久安。

第三阶段，理解民法典精神。"法律不外乎人情"。民法典每个工整考究的条文，都是立法专家智慧的结晶、劳动人民经验的总结、公序良俗的固化和社会共识的统一。民法典体现了人们对平等、秩序、诚信、自由等人类终极价值的追求，这些价值被民法典总结为私权神圣、主体平等、契约自由、诚实守信、绿色环保等原则理念，而这些相互冲突对立的价值又被良好地中和均衡，深深镌刻在每一个条文里，从而使整个法典熠熠生辉，产生出一种法哲学维度的美感。这种美感是不以专业背景为限的，我真诚地希望每一个读者读完这本书都能被民法典的美所感染，从而对法治理想有一个更亲切可感的认知，真正在内心植入对法律的尊崇、敬畏和信仰。

是为序。

邢益强　博士

2020年8月31日

目 录

contents

一、总则编

成年被监护人的民事行为能力受限或丧失时权益如何保障

——《民法典》中的意定监护与临时照料制度

2020年，一场突如其来的疫情席卷中华大地。为抗击疫情，全国实施了极为严格的疫情防控措施。年过半百的大民作为一家颇有规模的民营企业负责人，在疫情阻击战中已经没日没夜地连续奋战了几个通宵，感觉精力大不如前，加上之前在生意场上纵横捭阖时，有段时间喝酒过多，血压飙升，导致有过一次中风史。考虑到要维持自己的日常生活，以及企业的正

幸好之前把你指定为监护人！

常运作，在医生和朋友的建议下，大民开始斟酌为自己确定一位监护人。

选择谁作为自己的监护人好呢？大民奋斗半生，打造了规模庞大的商业版图，但因过于专注事业，未能顾及家庭，几年前与妻子离异，并无子女。亲友中关系较好的也只有一个和自己一样终日忙碌的哥哥老民，此外还有一些生意上往来密切的朋友。大民几经思量，最后还是拨通了哥哥老民的电话。

大民说："哥，你知道我没有子女依靠，现在又感觉身体状况不太好。万一有什么意外，我的财产就交由你继承吧。但是如果只是影响民事行为能力的话，请你做我的监护人可以吗？"

老民知道自己的弟弟一向独立坚强，哪怕中风时也是出院后才告知自己。平日里大家虽忙碌不会经常见面，但他也十分担忧弟弟的身体。为让大民解除后顾之忧，老民答应了弟弟的请求。于是，大民以书面形式确定了老民作为自己的监护人，并约定在自己丧失或者部分丧失民事行为能力时，由老民履行监护职责，上述文书还在当地公证处办理了公证手续。

法条链接

《民法典》第三十三条

具有完全民事行为能力的成年人，可以与其近亲属、其他愿意担任监护人的个人或者组织事先协商，以书面形式确定自己的监护人，在自己丧失或者部分丧失民事行为能力时，由该监护人履行监护职责。

几个月后，大民在一次应酬时，觥筹交错间突然栽倒在酒桌上。同行的朋友赶紧把大民送往医院。虽然经过紧急抢救，但是大民因为大量饮酒以后血压突然增高，再次诱发了中风，现在暂时神志不清，生活完全不能自理。大民的监护人老民恰逢其因公务出国，受疫情影响短期内无法回国，大民处于无人照料状态。老民接到通知时心急如焚，无奈之下只好向大民住所地的居委会求助。居委会得知此情况后，立即派出工作人员，为大民安排了必要的临时生活照料措施。

法条链接

《民法典》第三十四条

监护人的职责是代理被监护人实施民事法律行为，保护被监护人的人身权利、财产权利以及其他合法权益等。

监护人依法履行监护职责产生的权利，受法律保护。

监护人不履行监护职责或者侵害被监护人合法权益的，应当承担法律责任。

因发生突发事件等紧急情况，监护人暂时无法履行监护职责，被监护人的生活处于无人照料状态的，被监护人住所地的居民委员会、村民委员会或者民政部门应当为被监护人安排必要的临时生活照料措施。

在一次次航班取消又重新订票后，老民好不容易回到国内，凭着之前大民出具的确定自己为监护人的文件，接管了大民的企业。老民接管后，除支付大民的医疗、生活费用及企业运营必要成本外，未对大民的财产作出其他处分。但是企业内部情况错综复杂，老民在处理具体事务时，为了不让企业的资产贬值，在经营上殚精竭虑，但又不敢追求超额利润进行风险较大的投资，这时他才深深体会到弟弟大民的不容易。

 **法条链接**

《民法典》第三十五条

监护人应当按照最有利于被监护人的原则履行监护职责。监护人除为维护被监护人利益外，不得处分被监护人的财产。

未成年人的监护人履行监护职责，在作出与被监护人利益有关的决定时，应当根据被监护人的年龄和智力状况，尊重被监护人的真实意愿。

成年人的监护人履行监护职责，应当最大程度地尊重被监护人的真实意愿，保障并协助被监护人实施与其智力、精神健康状况相适应的民事法律行为。对被监护人有能力独立处理的事务，监护人不得干涉。

幸而，医院的治疗方案卓有成效，慢慢地，大民恢复了神志，虽然行动仍稍有不便，但其民事行为能力已完全恢复。老民如释重负地将其企业交回给大民打理。大民大病初愈，除了反思之前种种不良生活习惯外，也庆幸之前指定了兄长作为监护人，在其重病期间其人身权利及财产权利未受侵犯，亦很感激居委会在其兄长未能履行监护职责期间，派出工作人员对其进行了生活照料。出院后，大民和老民共同向居委会送上了一面锦旗。

 法条释义

民事行为能力，是指民事主体以自己独立的行为去取得民事权利、承担民事义务的能力。自然人的民事行为能力分三种情况：完全民事行为能力、限制民事行为能力、无民事行为能力。法人的行为能力由法人的机关或代表行使。

监护人，是指对无行为能力或限制行为能力的人的人身、财产和其他一切合法权益负有监督和保护责任的人。①

 ## 律师说"典"

监护制度是民法理论与实务中的一项重要法律制度。一般来说，未成年人、精神病患者及其他有严重精神障碍的人，都应设置监护人。与《民法总则》相比，《民法典》修订后的监护制度更充分地尊重被监护人意愿，更有利于监护顺序的固定和尽快稳定监护关系，更好地维护被监护人的利益、保障被监护人的生活。

一般而言，无民事行为能力或者限制民事行为能力的成年人，其法定监护人的顺序为：（一）配偶；（二）父母、子女；（三）其他近亲属；（四）其他愿意担任监护人的个人或者组织，但是须经被监护人住所地的居民委员会、村民委员会或者民政部门同意。未成年人的法定监护人，首先由其父母担任，若父母死亡或没有监护能力的，通常由下列人员按顺序担

① 中国审判理论研究会民事审判理论专业委员会编著：《民法典总则编条文理解与司法适用》，法律出版社2020年版，第59页。

任：（一）祖父母、外祖父母；（二）兄、姐；（三）其他愿意担任监护人的个人或者组织，但是须经未成年人住所地的居民委员会、村民委员会或者民政部门同意。与《民法总则》相比，《民法典》首次规定了在未成年人的父母已经死亡或没有监护能力的情况下，确定监护人的顺位问题。另外规定其他个人或者组织只需要愿意亦可担任监护人，不再要求关系密切。

什么情况下能指定监护人？《民法典》规定了具有完全民事行为能力的成年人，可以与其近亲属、其他愿意担任监护人的个人或者组织经事先协商，然后以书面形式确定他们为自己的监护人。在上述案例中，大民已离异且无子女，在一次偶然中风后神志不清，生活一时无法自理，属于无民事行为能力人。但其事先已指定哥哥老民作为自己的监护人，在自己丧失民事行为能力后代为实施民事法律行为，为自身权益的保障提供了有力支持。

监护制度是对于无民事行为能力人和限制民事行为能力人的人身、财产及其他合法权益进行监督、保护的一项制度。监护的主要目的在于保护被监护人的合法权益，约束被监护人的行为，管理教育被监护人，防止被监护人对社会或他人造成损害。但监护人应当按照最有利于被监护人的原则履行监护职责。除维护被监护人利益外，不得处分被监护人的财产。故上述案例中监护人老民回国依法履行监护职责后，其监护措施体现为给大民提供生活上的照料，同时临时接管了大民的企业。但在处理企业事务中，基于最有利于被监护人的原则，老民处理企业事务时以不让企业的资产贬值为前提，不盲目进行风险较大的投资。

当发生紧急情况时，被监护人无人照料怎么办？《民法典》针对发生突发事件等的紧急情况，对监护制度进行了完善。在上述案例中，老民在弟弟大民丧失民事行为能力且生活无人照料时，因疫情影响无法回国，暂时无法履行监护职责。在这种情况下，大民住所地的居民委员会（在其他案例中可以是村民委员会或者民政部门），应当为大民安排必要的临时生活照料措施。

当发生监护人或者被监护人一方死亡，或被监护人恢复完全民事行为能力，又或监护人丧失监护能力等情形，监护关系终止。上述案例中，经医院、居委会和老民的悉心照料，大民逐渐痊愈并恢复完全民事行为能力，老民将企业交还大民打理，大民与老民的监护关系终止，但大民确定老民为自己监护人的行为仍有效。

《民法典》确定的监护制度对监护人应负的义务和享有的权利、对紧急情况下监护人暂时无法履行监护职责时被监护人的临时生活照料措施等作了明确的规定，这对疫情期间涌现出来的被监护人的特殊需求，更具有现实意义。

民事权利能力从娘胎起就已享有

——《民法典》中的民事权利能力制度

一个雷雨交加的夏夜，疲惫不堪的老典结束了十几个小时的工作。驱车回家的路上，想起家里怀着双胞胎的妻子小梅无人照顾，老典在焦灼中不自觉提起了车速。天黑路滑，一阵刺耳的刹车声中，老典不幸撞上了迎面疾驰而来的一辆泥头车。

医院里，结束手术的医生遗憾地对老典的家属摇摇头说："伤者受伤太重，我们无力回天。请家属节哀顺变吧。"伤心欲绝的小梅昏厥过去，家属们顿时乱成一团。

老典逝世后，留有遗产房子一套及银行存款二十多万元。处理完老典的后事，为了保障小梅及其未出世的孩子的生活，老典的父母亲请来律师，书面确认放弃对老典遗产的继承权，待孩子出世后，全部由小梅和孩子按法定继承分配继承份额。并另外赠与未出世的孩子三十万元，作为他们将来的生活费用。

几天后，小梅在医院分娩。令人痛惜的是，小梅因孕期伤心过度，娩出的双胞胎中仅存活一个，另一个娩出时已是死体。家属悲喜交加，对老典的遗腹子小法尤为关心。为妥善处理相关问题，经咨询律师后对相关财产做如下处理：因小法的双胞胎兄弟娩出时为死体，其民事权利能力自始不存在。老典的遗产由小梅和小法平均分配，老典父母对在还是胎儿时的小法之赠与合法有效，赠与的三十万元归小法所有，该款由小梅作为法定监护人代为监管。

法条链接

《民法典》第十三条

自然人从出生时起到死亡时止，具有民事权利能力，依法享有民事权利，承担民事义务。

《民法典》第十六条

涉及遗产继承、接受赠与等胎儿利益保护的，胎儿视为具有民事权利能力。但是，胎儿娩出时为死体的，其民事权利能力自始不存在。

法条释义

　　权利能力，是指一个自然人作为法律关系主体的能力，也即作为权利享有者和法律义务承担者的能力。自然人从出生时起即具有权利能力，法人自登记具有权利能力，其他组织自合法成立具有权利能力。

　　民事权利能力确定了自然人的法律地位，民事权利能力所涵盖的范围是自然人所享有的财产权利和人身权利之总和。①

律师说"典"

　　首先要理解，民事权利能力是指民事主体从事民事活动、取得民事权利和承担义务责任的资格。

　　自然人从出生时起到死亡时止，具有民事权利能力，依法享有民事权利，承担民事义务。因此一般情况下，以胎儿名义从事的民事行为无效，但涉及遗产继承、接受赠与等胎儿利益保护的，胎儿视为具有民事权利能力。但是，胎儿娩出时为死体的，其民事权利能力自始不存在。

　　中国对胎儿权利的关注自古有之。传统文化语境下的"指腹为婚（出自《魏书·王宝兴传》）"的特殊嫁娶形式，虽然

---

　　① 中国审判理论研究会民事审判理论专业委员会编著：《民法典总则编条文理解与司法适用》，法律出版社2020年版，第41页。

因为属于家长包揽婚姻，作为封建糟粕早已被时代摒弃，但也反映传统伦理上是将胎儿视为具有准婚配权的民事主体的。而胎儿一旦出生，更会成为法律意义上的民事权利主体。假如对胎儿的民事权利不给予保护，不仅不利于人伦与法律之间的衔接，而且也不符合传统道德评价标准。因此，《民法典》中将对民事权利能力的保护延伸到胎儿，体现了可贵的生命立场和时代进步。

在司法实践中，涉及损害胎儿权益的案件不断出现，因此在《民法典》中，对胎儿权益更细致、更公平的保护就显得尤为重要。值得注意的是，《民法典》第十六条中虽仅列了遗产继承、接受赠与，但即使没列明，凡民事活动中涉及胎儿其他权益的，均在《民法典》的保护范围。

限制民事行为能力人能否独立实施民事行为

—— 《民法典》中关于限制民事行为能力人的认定及民事行为效力的规定

阿明在一家新媒体公司上班，平时工作强度很大，996①疯狂加班，所以休息日彻夜狂欢便是阿明最喜欢的解压方式。他的口头禅是"周六不喝酒，人生路白走"，但他一喝酒就没有节制的习惯也让家人忧心不已。五一黄金周假期前夕，阿明一

---

① 指每天早上9点上班，晚上9点下班，每周上6天班。

如既往又呼朋唤友，到公司旁边新开的酒吧喝得酩酊大醉。第二天醒来时，家人看着眼斜嘴歪、神志不清的阿明，一下都傻眼了。

医生诊断说阿明因为大量饮酒引发病毒性脑炎。治疗过程中，阿明的症状越来越严重，精神状态兴奋、多动，有攻击性行为，还有智力障碍，智力水平仅相当于普通十岁儿童，暂时丧失了正常成年人的思考和行事能力。后虽经长期治疗，但仍未能恢复。其妻子小清因在异地上班无力照顾阿明，万般无奈之下与阿明的父母亲商量，共同向人民法院申请宣告阿明为限制民事行为能力人，确定由阿明的母亲封女士作为阿明的监护人。

法条链接

《民法典》第二十四条（节选）

　　不能辨认或者不能完全辨认自己行为的成年人，其利害关系人或者有关组织，可以向人民法院申请认定该成年人为无民事行为能力人或者限制民事行为能力人。

阿明原本幸福美满的家庭因这场意外变得阴云密布，巨额治疗费用也让家人忧心忡忡。幸而阿明病发前素来与同事关系融洽，且因工作能力出众广受好评，公司的领导和同事自发组织爱心捐助活动，募得善款20万元捐助给阿明。封女士深受感动，将该款存入阿明账户用于其生活、医疗支出。

有一天，阿明趁封女士不注意，拿走银行卡溜到之前常去的商场闲逛，先是在运动专柜买了件T恤，价格100多元。又在钟表专柜刷卡购买了一款瑞士名表，价格11万元。逛了一圈后，阿明又刷卡购买了一套价格为5万元的高档真皮沙发，并填写了家庭地址让商家送货。销售经理在与阿明沟通过程中，虽发现其精神状态不对，但又不舍得高额的销售提成，于是在阿明刷卡完成后按地址向阿明的家人发函，要求其家人确认阿明购买沙发的行为后再送货。

接二连三收到的高额消费通知短信、函件让封女士心急如焚，在当地消费者权益保护委员会的帮助下，她找到儿子消费过的商家让他们退钱。凭着人民法院宣告阿明为限制民事行为能力人的文件，钟表专柜和家具店都同意办好退货手续后将收取的款项原路退回。但运动专柜店长以购买T恤的行为符合阿明的精神健康状况为由，不同意退款。

法条链接

《民法典》第二十二条

不能完全辨认自己行为的成年人为限制民事行为能力人，实施民事法律行为由其法定代理人代理或者经其法定代理人同意、追认；但是，可以独立实施纯获利益的民事法律行为或者与其智力、精神健康状况相适应的民事法律行为。

《民法典》第二十三条

无民事行为能力人、限制民事行为能力人的监护人是其法定代理人。

法条释义

法定代理人，是指法律直接规定代理无诉讼行为能力的当事人进行诉讼，直接行使诉讼代理权的人。无诉讼行为能力的自然人进行诉讼活动只能由其监护人为法定代理人进行，法定代理人是其全权代理人，其法律地位相当于当事人，其代理权不受限制。[1]

律师说"典"

日常生活中，偶尔会出现一些意外情况，使得原本正常的成年人失去能完全认识、辨别自己行为及后果的能力，本案中的阿明就是如此。为保护此类人群的人身和财产权益，我国设

---

[1] 中国审判理论研究会民事审判理论专业委员会编著：《民法典总则编条文理解与司法适用》，法律出版社2020年版，第59页。

置了认定公民无民事行为能力或者限制民事行为能力的特殊程序，即民事行为能力宣告程序。对于已经成年但不具有与正常成年人相符的行为能力的人，便需要通过该特别程序来确定其民事行为能力状态。而宣告程序的完成，又是依法实施监护制度的前提之一。

根据规定，限制民事行为能力人所能独立实施且有效的，仅为纯获利益的或者与其年龄、智力、精神健康状况相适应的民事法律行为。一方面，接受奖励、赠与、报酬等即为纯获利益的行为，限制民事行为能力人完全可以自主接受。另一方面，在认定某项民事活动是否与其年龄、智力、精神健康状况相适应时，通常需要从该行为与本人生活相关联的程度、本人的智力能否理解其行为并预见相应的行为后果，以及行为标的数额等多方面来进行分析。

对于限制民事行为能力人不能独立实施的民事法律行为，如非经其法定代理人实施的，则后者需作出是否追认之意思表示。追认属于单方民事法律行为，在意思表示完成时生效。一般来说，追认的形式应当是明示的、积极的，如通过语言、文字或其他方法直接进行肯定或拒绝的意思表示。

《民法典》通过进一步完善关于限制民事行为能力人的认定及相应民事行为的效力认定、监护人制度等规定，对维护特殊群体的合法权益、维护良好社会秩序起到重要的作用。

设立人在公司设立前后的责任承担

——《民法典》中关于法人设立行为及法定代表人的行为后果的规定

　　大民的事业蒸蒸日上，邻居小典艳羡不已。所谓"临渊羡鱼，不如退而结网"，受大民创业事迹的激励，小典也开始了其雄心勃勃的创业计划。

　　"一个篱笆三个桩，一个好汉三个帮。"小典与其多年好友小董素来志同道合，小董得知小典的想法后一拍即合，决定

共同成立一家贸易公司。为分摊风险，两人又拉上了小董的同乡老丁入股，三人谈好拟成立的公司认缴注册资金为人民币100万元，实缴注册资金为10万元。小典和小董的持股比例均为30％，老丁持股40％。但老丁坚持要求担任公司的法定代表人。小典提出，因为其与老丁接触较少，对老丁了解不够，如果老丁担任公司法定代表人的话，公司章程必须对法定代表人的权利有所限制，如法定代表人进行人民币10万元以上的交易的时候，应经过公司股东会的授权。老丁思索再三，同意了小典的要求。

 法条链接

《民法典》第五十七条

法人是具有民事权利能力和民事行为能力，依法独立享有民事权利和承担民事义务的组织。

《民法典》第六十一条

依照法律或者法人章程的规定，代表法人从事民事活动的负责人，为法人的法定代表人。

法定代表人以法人名义从事的民事活动，其法律后果由法人承受。

法人章程或者法人权力机构对法定代表人代表权的限制，不得对抗善意相对人。

合作条件谈好后，三人为公司的设立而各自奔忙。小典负责公司的设立事宜。为了让公司顺利成立，小典委托一家中介公司帮忙办理公司注册的各项手续，谈好的委托费用为人民币4000元，由小典先予垫付。

小董负责处理公司办公用地的相关事宜。为了找到合适的场所，小董走遍了大街小巷，终于在姨妈的帮助下，以每月人民币1万元的价格租下了临江的一套约200平方米、风景尤佳的办公室，租赁合同以小董名义签订，但与业主约定，公司成立后，租赁合同的权利义务概由公司承接。小董又以自己名义委托装修公司垫资对办公室进行简单装修，并购置必要的家具、办公用品。经小董与装修公司核算，装修费用和购置费用合共人民币8万元，但暂未支付。

法条链接

《民法典》第七十五条

设立人为设立法人从事的民事活动，其法律后果由法人承受；法人未成立的，其法律后果由设立人承受，设立人为二人以上的，享有连带债权，承担连带债务。

设立人为设立法人以自己的名义从事民事活动产生的民事责任，第三人有权选择请求法人或者设立人承担。

　　老丁负责寻找贸易公司的货源和销售渠道。经熟人介绍，老丁找到一批当时在非洲颇为紧俏的摩托车配件。供应商还承诺，若老丁吃下这批货，可以另外给老丁货值5%的回扣。老丁一时冲动，未与和小董、小典商量，即以贸易公司法定代表人的身份和供应商签订了一份《配件购销合同》，下了人民币100万元的订单供贸易公司出口至非洲，并支付了定金人民币10万元。约定供应商三十天内完成供货，余款在货到后付清。

　　一个月后，贸易公司终于拿到营业执照，正式成立。老丁作为出资最多的股东召集和主持了首次股东会会议。会上小典和小董分别通报了在公司设立过程中的支出，并要求计入公司成本。老丁也正式通报了其与供应商所签的《配件购销合同》，要求公司追认这笔交易。小典坚决反对，认为非洲经过新冠肺炎疫情之后，局势混乱不堪，这批货根本没有销售渠道消化，另外还指责老丁越权，没有经过股东会同意就擅自签订了100万元的合同。老丁恼羞成怒，三人不欢而散。公司的经营陷入僵局。

　　没几天，债权人陆续上门催债。装修公司看到贸易公司经营状况不佳，于是直接向小董主张债权，要求小董马上清偿装修费用和家具、办公用品购置费用等合共人民币8万元。小董认为这是公司债务，自己无需承担，双方争执不下。完成供货的摩托车配件供应商也找上门来，要求贸易公司和老丁马上支付配件款余款人民币90万元，小典拿出公司章程，说超过人民币10万元的交易应由股东会授权后老丁才有权处理。供应商嗤之以鼻，说谁做生意会去看你们公司的章程，争执过程中还把老丁收回扣的事说了出来，扬言若不还款就法庭见。各方为此争执不止，踌躇满志的三个股东还没等到公司正常运转，就陷入一地鸡毛。

大民看到小典焦头烂额的样子，于心不忍。问清楚情况后，他请自己公司的法律顾问张律师帮忙协调处理。张律师召集贸易公司的股东及各个债权人共同到其执业的律师事务所设立的调解工作室，经过一番苦心调解及对相关法律条文细致的解释，各方最终对争议的事项达成了如下调解意见：

1. 小典垫付的注册公司费用人民币4000元，属于公司设立产生的成本，由公司承担。

2. 小董以自己名义与装修公司签订的合同，产生的债务人民币8万元，装修公司有权选择请求贸易公司或者小董承担。经协商一致，由小董先行支付给装修公司，再由贸易公司另行向小董补偿。

3. 贸易公司虽不能以老丁违反公司章程的限制为由，对抗对此不知情的供应商，但因《配件购销合同》签订时，贸易公司尚未成立，况且贸易公司有证据证明老丁是为自己的利益与供应商签订合同，公司有权不承担合同责任，相关合同责任由老丁和供应商自行处理。

 **法条链接**

《最高人民法院关于适用〈中华人民共和国公司法〉若干问题的规定（三）》第三条

发起人以设立中公司名义对外签订合同，公司成立后合同相对人请求公司承担合同责任的，人民法院应予支持。

公司成立后有证据证明发起人利用设立中公司的名义为自己的利益与相对人签订合同，公司以此为由主张不承担合同责任的，人民法院应予支持，但相对人为善意的除外。

《最高人民法院、司法部〈关于开展律师调解试点工作的意见〉》第二条第六款

律师事务所设立调解工作室。鼓励和支持有条件的律师事务所设立调解工作室，组成调解团队，可以将接受当事人申请调解作为一项律师业务开展，同时可以承接人民法院、行政机关移送的调解案件。

各方据此制作了相关调解协议，并共同向人民法院申请了司法确认。鉴于小董和小典难以接受老丁的行为，老丁对此也极为难堪，于是干脆将持有的股份平均转让给了小董和小典，退出了贸易公司的经营。

法条链接

《人民调解法》第三十三条

经人民调解委员会调解达成调解协议后，双方当事人认为有必要的，可以自调解协议生效之日起三十日内共同向人民法院申请司法确认，人民法院应当及时对调解协议进行审查，依法确认调解协议的效力。

人民法院依法确认调解协议有效，一方当事人拒绝履行或者未全部履行的，对方当事人可以向人民法院申请强制执行。

人民法院依法确认调解协议无效的，当事人可以通过人民调解方式变更原调解协议或者达成新的调解协议，也可以向人民法院提起诉讼。

律师说"典"

实践中，对于公司的设立，设立人之间往往在达成一致意向以后，便开始着手操办，往往忽视考虑公司在设立过程中可能出现的问题，从而忽略了明确书面约定相互间的权利义务。由此就为设立活动本身带来不少潜在的法律风险。

实际上，公司在设立过程中就可能产生各项支出或债权债务，加之设立人在这个过程中的行为决策活动仍具有较大的个人意志性，如果事先没有相关约定或者提前做好安排，就极易引发纠纷。本案中小董和老丁的情况就属这种情况。

一方面，公司设立人，尤其是法定代表人，如以设立中的公司名义对外从事公司设立之非必要的民事行为，属于效力待定的民事行为，债权人可以对成立后的公司进行催告，要求其进行追认。成立后的公司如拒绝追认，则债权人只能以该公司发起人作为追责对象。另一方面，设立人如以自己名义对外从事公司设立之民事行为，则债权人有权选择要求该个人或是成立后的公司承担责任。据此，在公司设立过程中，即便作为公司法定代表人，亦没有全权代表公司对外从事民事行为的权利，更要避免以自己名义代表公司对外签署法律文件等。

鉴于此，在公司设立前及设立过程中仍建议签订相关书面协议为宜，明确设立过程中各设立人之间的权利义务内容，尤其是确定各自职责范围，如此既规范了设立过程的一系列行为，保障公司设立的有序进行，又起到约束和监督发起人个人行为的作用，避免产生不良后果。

微信扫码，加入【本书话题交流群】

与同读本书的读者，讨论本书相关话题，交流阅读心得

二、物权编

公共维修资金的使用规则

——《民法典》中关于业主间对使用公共维修资金争议处理的规定

夏日的午后，幸福小区里绿树成荫，夏风拂面，鸟语花香。但这惬意美好的画面却被小区业委会会议室里激烈的争吵声打破了。

"我们小区的电梯墙壁破旧不堪，地板都磨花了，电梯上上下下都吱吱呀呀地响，我每次带客人乘电梯，面子上都挂不住！"

"电梯问题先放一放，我们A1栋一、二层的外墙石板有些都脱落了，太危险了，也没人管管！"

"是啊，咱们小区那么多年了，很多地方越来越旧，居住品质下降太厉害，得好好翻新了，维修资金要是不够用，大家再筹筹嘛！"

此起彼伏的争吵声不绝于耳，业主们为维修资金的使用吵得不可开交。

 法条链接

《民法典》第二百八十一条

建筑物及其附属设施的维修资金，属于业主共有。经业主共同决定，可以用于电梯、屋顶、外墙、无障碍设施等共有部分的维修、更新和改造。建筑物及其附属设施的维修资金的筹集、使用情况应当定期公布。

紧急情况下需要维修建筑物及其附属设施的，业主大会或者业主委员会可以依法申请使用建筑物及其附属设施的维修资金。

《民法典》第二百八十三条

建筑物及其附属设施的费用分摊、收益分配等事项，有约定的，按照约定；没有约定或者约定不明确的，按照业主专有部分面积所占比例确定。

　　"大家静一静，咱们幸福小区共有600位业主，今天到场在名册上签名的有426位，同时，对照咱们业主委员会之前汇总的《幸福小区专有部分面积登记表》，咱们小区总专有面积为5万平方米，到场各位业主加起来的专有部分面积占了4万平方米，超过了三分之二的比例，已经可完成合法有效的表决程序。现在请大家对有争议的事项进行投票表决！"

　　说完，主持会议的高主任开始向大家派发表决票，半小时后，场面逐渐安静下来，大家翘首企盼，等着他宣读结果。

　　"经统计，对于新筹集公共维修资金50万元，翻新及维护电梯，翻新小区各楼栋第一、二层外墙这三项议题，赞成票数均为261票。投赞成票的业主所占专有部分面积为2.6万平方米，已超过了4万平方米的半数。按照《民法典》规定的表决标准，本次'使用维修资金'议题符合法定通过标准，但'筹集维修资金'议题未达到法定通过标准。因此，本次业主大会通过决议：1.　将现有公共维修资金投入电梯维护事项和小区各楼栋第一、二层外墙翻新事项，具体资金使用情况每周一公布于小区公告墙。2.　不同意新筹集公共维修资金50万元。"

法条链接

《民法典》第二百七十八条

下列事项由业主共同决定：

（一）制定和修改业主大会议事规则；

（二）制定和修改管理规约；

（三）选举业主委员会或者更换业主委员会成员；

（四）选聘和解聘物业服务企业或者其他管理人；

（五）使用建筑物及其附属设施的维修资金；

（六）筹集建筑物及其附属设施的维修资金；

（七）改建、重建建筑物及其附属设施；

（八）改变共有部分的用途或者利用共有部分从事经营活动；

（九）有关共有和共同管理权利的其他重大事项。

业主共同决定事项，应当由专有部分面积占比三分之二以上的业主且人数占比三分之二以上的业主参与表决。决定前款第六项至第八项规定的事项，应当经参与表决专有部分面积四分之三以上的业主且参与表决人数四分之三以上的业主同意。决定前款其他事项，应当经参与表决专有部分面积过半数的业主且参与表决人数过半数的业主同意。

高主任话音刚落，业主小林质疑道："我不同意！我住一楼，基本上没用过电梯，以后也不会用。我交的钱凭什么用来维护电梯！"众人听完面面相觑。这时，高主任耐心地向小林解释了电梯属于业主共有部分，电梯的维护整个小区都受益，不是仅让特定人受益。随后高主任拿出《民法典》，向小林阐明了业主大会决定对业主的法律约束力，同时也向其解释道如果小林坚持认为本次业主大会作出的决定侵害了其合法权益，小林可以请求人民法院予以撤销。小林认识到了自己理解上的误区，也为刚才的冲动行为向在场众人致歉。

 法条链接

《民法典》第二百七十三条

业主对建筑物专有部分以外的共有部分，享有权利，承担义务；不得以放弃权利为由不履行义务。

业主转让建筑物内的住宅、经营性用房，其对共有部分享有的共有和共同管理的权利一并转让。

《民法典》第二百八十条

业主大会或者业主委员会的决定，对业主具有法律约束力。

业主大会或者业主委员会作出的决定侵害业主合法权益的，受侵害的业主可以请求人民法院予以撤销。

律师说"典"

　　业主的建筑物区分所有权与我们每一个人的日常生活息息相关，无论是自己遇到过类似的公共维修资金使用问题，还是听到过亲朋好友对所住小区共有部分维修问题的抱怨，都需要我们了解必要的相关法律知识，为保障居住品质、解决现实问题提供指引。

　　公共维修资金的"筹集难"是个老生常谈的问题，实际上，还有"使用难""监督难"等问题。正因为实际操作中，存在居民发现自己交纳的维修资金难以实际用于小区建筑物及其附属设施的维修、更新和改造，并且财务收支不透明，居民们难以得知资金使用去向等情况，于是产生了维修资金就是业主委员会、物业服务公司"私人账户资金"的想法。由此，许多居民不愿意交纳这笔费用。对此，《民法典》的出台打出了全套"组合拳"，在此前《物权法》规定的基础上作出了重大突破。

　　第一，在维修资金的筹集、使用上，《民法典》规定若通过业主表决形式进行决定，仅需要专有部分面积占比小区总专有面积三分之二以上且人数占比小区业主总人数三分之二以上的业主参与表决，表决程序即可正常开展。另外《民法典》第二百七十八条第五项和第六项区分了使用和筹集维修资金的不同的表决规则。对于筹集维修资金事项，需经参与表决专有部分面积四分之三以上且参与表决人数四分之三以上的业主同意；对于使用维修资金事项，需经参与表决专有部分面积过半数且参与表决人数过半数的业主同意。（《民法典》中所称的"以上"包括本数，所称的"超过"不包括本数。）可以看出，"筹集"事项的通过标准比"使用"事项更为严格，在专有部分面积占比和业主人数上要求更高。这是因为"维修资金筹集"事项涉及每一位业主支出新的居住成本，对业主影响较大，如果不采用更高的决议门槛，易产生侵害业主权益的风险。

另外，《民法典》第二百八十一条也大大扩大了维修资金的可用范围，规定公用电梯、外墙属于共有部分，将维修资金用于共有部分的维修、更新和改造经业主共同决定。且《民法典》第二百八十三条规定共有部分的费用分摊无约定的或约定不明确的，按照业主专有部分面积所占比例确定，并不局限于以该共有部分和业主之间的距离来确定义务范围。

第二，对于维修资金"监督难"的问题，《民法典》第二百八十一条明确规定"建筑物及其附属设施的维修资金的筹集、使用情况应当定期公布"，该条款对维修资金的使用方施加了明确的"定期公布"义务，有利于保障业主的知情权和监督权，使每一位业主能更为安心。

第三，对于业主大会决定的履行，《民法典》第二百八十条明确规定业主大会或者业主委员会的决定，对业主具有法律约束力。业主认为业主大会或者业主委员会作出的决定侵害自身合法权益的，可以请求人民法院予以撤销，但并不能阻止或拒绝履行业主大会决定。

《民法典》相比此前《物权法》对于公共维修资金的规定

作出了较大变动，这是由于立法者一直在找寻平衡之道，平衡如何使业主大会或业主委员会的决议既代表最广大业主的意志，同时又兼顾高效。此前《物权法》采用了更为严格的决议通过门槛，造成实践中很多小区关于公共维修资金事项一直悬而未决。"筹钱通不过，有钱用不出，用钱管不了"的乱象有法难治，《民法典》出台后，公共维修资金的合理使用和监督迎来了福音。

债务人未能偿债时债权人可否直接转移担保财产所有权

——《民法典》中流押（质）条款的效力

小蒋因经商急需资金周转，于是向好友小高借款100万元。小高很爽快地答应了，双方商定以小蒋名下一套市值110万元的房产作抵押。双方为此签订了一份《借款合同》，约定："小高向小蒋提供借款100万元人民币，借款期限自2021年2月1日至2021年8月1日，借款利率为月利率1％"。同日，双方还签

订了《抵押合同》，约定小蒋将其名下房产抵押给小高，以担保其所借100万元债务本息的履行，若小蒋不能履行还款义务，小高有权就该房产优先受偿。后二人共同到房地产行政主管部门办理了抵押登记。

 法条链接

《民法典》第三百九十四条

为担保债务的履行，债务人或者第三人不转移财产的占有，将该财产抵押给债权人的，债务人不履行到期债务或者发生当事人约定的实现抵押权的情形，债权人有权就该财产优先受偿。

前款规定的债务人或者第三人为抵押人，债权人为抵押权人，提供担保的财产为抵押财产。

《民法典》第三百九十五条

债务人或者第三人有权处分的下列财产可以抵押：

（一）建筑物和其他土地附着物；

（二）建设用地使用权；

（三）海域使用权；

（四）生产设备、原材料、半成品、产品；

（五）正在建造的建筑物、船舶、航空器；

（六）交通运输工具；

（七）法律、行政法规未禁止抵押的其他财产。

抵押人可以将前款所列财产一并抵押。

《民法典》第四百条（节选）

设立抵押权，当事人应当采用书面形式订立抵押合同。

《民法典》第四百零二条

以本法第三百九十五条第一款第一项至第三项规定的财产或者第五项规定的正在建造的建筑物抵押的，应当办理抵押登记。抵押权自登记时设立。

四个月后，小蒋担心不能按时还款，于是找小高商量借款展期。小高回复借款可以展期2个月，但如到期不能偿还，则必须将抵押的房产过户给小高抵偿借款本金及利息。小蒋应允，于是双方按小高前述要求签订了《借款展期协议》和《补充协议书》。

因为新一轮的资金周转需要，小蒋又向朋友小林借款50万元，并以其名下一辆市场价约60万元的汽车作为质押财产。据此，除《借款合同》外，双方另行签订书面《质押合同》，约定小蒋以质押的汽车来担保所借款项的偿还；借款期届满小蒋不能还款的，小蒋将汽车过户给小林抵偿债务。随后小蒋即将汽车开到小林公司的车库停放，将汽车交由小林占有。小林依约向小蒋支付了借款。

法条链接

《民法典》第四百二十五条

为担保债务的履行，债务人或者第三人将其动产出质给债权人占有的，债务人不履行到期债务或者发生当事人约定的实现质权的情形，债权人有权就该动产优先受偿。

前款规定的债务人或者第三人为出质人，债权人为质权人，交付的动产为质押财产。

《民法典》第四百二十七条（节选）

设立质权，当事人应当采用书面形式订立质押合同。

《民法典》第四百二十九条

质权自出质人交付质押财产时设立。

借款期届满后，小高拿着相关债权凭据上门追债，小蒋因经营不善，无力还款。于是，小高要求小蒋根据《补充协议书》约定办理房产过户手续。此时，由于当地政府公布了新的发展规划，导致抵押房产价值对比半年前大幅增长，该区域同地段同面积的房屋出售价格已达到200万元。小蒋心有不甘，提出要先将房产卖出后，再偿还小高借款本金100万元及相应利息8万元。小高说小蒋严重违约，扬言要将小蒋的行为散播出去。小蒋担心其他债权人听到消息后蜂拥而至追讨债务，赶紧让步："高兄，这样，我们签个协议，我将房产以120万元的价格折抵给你，过户后你给我12万元，咱们就两清了。"小高表示同意，二人签订《折价协议》，并约定一个月后办理房产过户手续。

 法条链接

《民法典》第四百零一条

抵押权人在债务履行期限届满前，与抵押人约定债务人不履行到期债务时抵押财产归债权人所有的，只能依法就抵押财产优先受偿。

《民法典》第四百一十条

债务人不履行到期债务或者发生当事人约定的实现抵押权的情形，抵押权人可以与抵押人协议以抵押财产折价或者以拍卖、变卖该抵押财产所得的价款优先受偿。协议损害其他债权人利益的，其他债权人可以请求人民法院撤销该协议。

抵押权人与抵押人未就抵押权实现方式达成协议的，抵押权人可以请求人民法院拍卖、变卖抵押财产。

抵押财产折价或者变卖的，应当参照市场价格。

《民法典》第四百一十三条

抵押财产折价或者拍卖、变卖后，其价款超过债权数额的部分归抵押人所有，不足部分由债务人清偿。

　　经朋友告知，小林得知小蒋的资金链已濒临断裂，赶紧前来主张债权。小蒋确无资金还债，于是主张按照《质押合同》约定，把汽车过户给小林来清偿全部债务。但此时由于汽车市场上已经推出了多款同功能同定位的车型，该款汽车的车价大跌，二手车市场中同款汽车交易价格甚至不足20万元。小林难以接受，又从朋友那得知小蒋以120万元的价格将其房屋抵偿给小高的消息，恼怒不已。他在咨询律师后，得知之前所签《质押合同》中直接以汽车冲抵债务的行为属于流质，该约定是无效的，于是当即向法院起诉请求小蒋立即还本付息，同时另案起诉请求撤销小高与小蒋所签的《折价协议》。

法条链接

《民法典》第四百二十八条

　　质权人在债务履行期限届满前，与出质人约定债务人不履行到期债务时质押财产归债权人所有的，只能依法就质押财产优先受偿。

《民法典》第四百三十六条

　　债务人履行债务或者出质人提前清偿所担保的债权的，质权人应当返还质押财产。

　　债务人不履行到期债务或者发生当事人约定的实现质权的情形，质权人可以与出质人协议以质押财产折价，也可以就拍卖、变卖质押财产所得的价款优先受偿。

　　质押财产折价或者变卖的，应当参照市场价格。

 法条释义

　　抵押权，是指债务人或者第三人不转移财产的占有，将该财产作为债权的担保，在债务人不履行到期债务或发生当事人约定的实现抵押权的情形时，债权人可就财产优先受偿的权利。

　　优先受偿，是指在债务人有多个债权人的情形下，有抵押权的债权人，得以优先于其他债权人就抵押财产的变价款受到清偿。[①]

　　动产质权，是指为担保债权的实现，债务人或第三人将没有处分权瑕疵的动产移交给债权人占有，如果发生债务到期却无法清偿的情况，则债权人享有就动产折价、拍卖、变卖所得价款优先受偿的权利。[②]上述法律关系中的基本当事人是质权人和出质人，实践中出质人可能为债务人或第三人，而质权人为债权人，交付的动产为质押财产。

---

　　① 中国审判理论研究会民事审判理论专业委员会编著：《民法典物权编条文理解与司法适用》，法律出版社2020年版，第430页。

　　② 中国审判理论研究会民事审判理论专业委员会编著：《民法典物权编条文理解与司法适用》，法律出版社2020年版，第486页。

> 流质，是指出质人与质权人在设定质权时约定，如果债权到期未清偿，则无须清算质物的所有权直接至质权人的行为。[1]

 ## 律师说"典"

借款方为了增加债务履行能力以提升借款成功率，出借方为了降低债务不能得到清偿的风险，往往会考虑采用担保方式。抵押、质押是实践中常见的担保方式。上述情形中，小蒋将房产作抵押，向小高担保借款本金100万元及相应利息的债务，小蒋即是抵押人，小高是抵押权人，房产是抵押财产。小蒋又将汽车出质给债权人小林占有，向小林担保50万元债务，小蒋即是出质人，小林是质权人，交付的汽车是质押财产。抵押与质押的设立，均需要采用书面形式订立合同，二者的主要区别在于是否需要转移担保财产的占有、是否需要登记设立。

抵押可以针对不动产、动产设立，以建筑物设立抵押的，应当办理抵押登记，抵押权自登记时设立，而质押一般以动产作为质押财产，质权自出质人交付质押财产时设立。抵押、质押的实施效果均是使抵押权人、质权人在被担保债务到期后不能得到清偿时，对抵押财产、质押财产享有优先受偿权。

---

① 　中国审判理论研究会民事审判理论专业委员会编著：《民法典物权编条文理解与司法适用》，法律出版社2020年版，第491页。

在债务履行期限届满前，抵押权人小高、质权人小林分别与小蒋约定，小蒋不履行到期债务时，直接移转抵押财产、质押财产的所有权以冲抵债务。这两类条款也被称作"流押条款"和"流质条款"。《民法典》对此明确规定，"流押条款"和"流质条款"没有法律效力，抵押权人、质权人只能依法就抵押财产、质押财产优先受偿。这是由于借款方在借款时往往是出于资金周转的紧急需要，因此在协商过程中处于弱势地位，此时即使出借方提出不合理的要求，借款方也可能因为形势所迫，无奈接受，这不符合公平原则。如本案中，房产在抵押时和汽车在质押时，其市场价格均高于债务数额，关于"债务人到期不履行债务，则直接转移房产、汽车所有权"的"流押（质）条款"约定，显然利用了债权人的优势地位，侵害了抵押人、出质人的合法权益。因此，立法者出于平衡抵押人与抵押权人、出质人与质权人之间利益的考量，不承认"流押（质）条款"的法律效力，而是仅认可抵押权人、质权人具有优先受偿权。

虽然"流押（质）条款"不发生法律效力，但抵押权人小高、质权人小林可以根据《民法典》第四百一十条、第四百三十六条就抵押、质押物优先受偿。即债务人小蒋不履行到期债务，抵押权人小高、质权人小林可以与抵押人、出质人小蒋协议以抵押财产、质押财产折价或者以拍卖、变卖该抵押财产、质押财产所得的价款优先受偿。抵押财产、质押财产折价或者变卖的，应当参照市场价格。

本案中，债务人小蒋不履行到期债务，抵押权人小高可以与抵押人小蒋协议以抵押的房产折价，但协议不能损害其他债权人利益。根据《民法典》第四百一十三条，抵押的房产折价后，其价款超过债权数额的部分归抵押人小蒋所有，从而可用于清偿小蒋所欠其他债权人的债务。但小高与小蒋签订的协议中的折价价格远低于房产的市场价格，因此，在质押的汽车之价值无法全面清偿小蒋所欠小林的债务的情形下，小林可以依据《民法典》第四百一十条请求人民法院撤销小高与小蒋签订的《折价协议》，以维护自己的合法利益。

老年人居住权的保障

——《民法典》中关于居住权的规定

　　随着年龄渐长，已年过古稀的张伯身体每况愈下，由于膝下无儿无女，独自一人生活十分不便，于是张伯想请一个细心的保姆来照顾自己的起居。但微薄的退休金仅能支持张伯的日常生活开支，无法再支付张伯请一个保姆的开销。

　　张伯在参加社区组织的普法活动中听闻了"居住权"制度，便想到自己可以将房屋出售给房产公司，然后与房产公司约定在房屋上为自己设立一个居住权，这样既可以解决自己生活居住的问题，同时又可以获得一大笔钱用来请保姆，可谓"一举两得"。

　　得知此事后，一家房产公司联系到了张伯，表示希望张伯

将房屋卖给他们，同时他们愿意为张伯在该房屋上设立一个居住权。张伯考虑后，认为该公司给出的价格还算合理，于是便与该公司签订了《房屋买卖合同》，并将房产过户给了该公司。

过户后，房产公司作为房屋的所有权人，与张伯签署设立了居住权的书面合同。

法条链接

《民法典》第三百六十六条

居住权人有权按照合同约定，对他人的住宅享有占有、使用的用益物权，以满足生活居住的需要。

《民法典》第三百六十七条

设立居住权，当事人应当采用书面形式订立居住权合同。

居住权合同一般包括下列条款：

（一）当事人的姓名或者名称和住所；

（二）住宅的位置；

（三）居住的条件和要求；

（四）居住权期限；

（五）解决争议的方法。

合同签署后，房产公司与张伯前往登记机构，在该房屋上为张伯申请登记了居住权。

法条链接

《民法典》第三百六十八条

居住权无偿设立，但是当事人另有约定的除外。设立居住权的，应当向登记机构申请居住权登记。居住权自登记时设立。

张伯拿着房产公司支付的购房款，去家政公司聘请了一位全职保姆小玲来照顾自己。小玲上岗后尽职尽责，勤奋又懂事的性格加上对张伯无微不至的关怀，让张伯十分欣慰。

可惜好景不长，张伯的身体渐渐衰弱，不久后住进了医院的病房，而小玲依然每天都守在张伯身边，照顾着张伯的生活。张伯知道，自己的时间不多了，小玲是个苦孩子，一个人在大城市打拼很不容易，而自己也没什么可以帮到小玲的，唯独还有一个居住权，不如将自己的居住权转让给小玲，也算是回报小玲这些年来的照顾。

法条链接

《民法典》第三百六十九条

居住权不得转让、继承。设立居住权的住宅不得出租，但是当事人另有约定的除外。

听闻此事后，房产公司认为张伯的此种行为不符合法律规定，坚决不同意张伯将居住权转让给小玲。张伯认为自己的权利理应由自己做主，房产公司不可干涉。随后张伯咨询了律师，被告知：张伯不可以将自己的居住权随意转让，并且他所拥有的居住权将会随着他生命的终止而消灭。

法条链接

《民法典》第三百七十条

居住权期限届满或者居住权人死亡的，居住权消灭。居住权消灭的，应当及时办理注销登记。

法条释义

居住权，是指根据双方的合同约定，非所有人为满足生活居住需要对他人所有的房屋进行居住使用的权利。居住权由非所有人与房屋所有人通过协商一致、订立合同的方式设立。①

---

① 中国审判理论研究会民事审判理论专业委员会编著：《民法典物权编条文理解与司法适用》，法律出版社2020年版，第380页。

律师说 "典"

居住权是《民法典》物权编的一大亮点，其是指居住权人以住房需要为目的，排除所有权人及其他第三人的干涉对房屋及其附属设施单独使用的权利。

在中国社会老龄化现象愈加严重的今天，老年人住房的权利得不到保障成为了社会的一大焦点问题，而以房养老在养老制度中无疑已占有一席之地。既有的以房养老模式，主要为"住房反向抵押制度"以及"售后回租"两种，但在实践中，两者与现有制度之间或多或少有着冲突矛盾之处。而居住权有着所有权和租赁权均不可替代的优势，不仅为以房养老提供了制度上的支持，也有利于改善中国老龄化社会养老的负担，使老年人更加幸福地安享晚年。

居住权因其独特的制度优势及社会的现实需求，被《民法典》纳入其中，其作为一项强大的权利制度，除了对养老具有十分积极的作用之外，也有利于完善中国现有的住房体系，对解决社会上普遍存在的住房问题具有重要的现实意义。那么居住权该如何设立？设立后何时消失？居住权人应当承担哪些义务，又享有哪些权利呢？

居住权的设立需要双方当事人签订居住权合同并向登记机构申请居住权登记，居住权自登记时设立。值得注意的是，居住权的设立采用的是"登记生效主义"，即未经登记的居住权合同仅能约束双方当事人，若房屋所有人在签订居住权合同后出现了违约情形，约定享有居住权的一方只能诉求房屋所有人承担除居住权以外的违约责任。只有在进行过居住权登记后，居住权人才可享有居住权，当房屋所有权人出现违约情形时，居住权人便可向法院提起诉讼，以确认自己享有的居住权，从而有效地保障自身的合法权益。

民法中有一项重要的基本原则为意思自治原则，《民法典》中即对居住权作了具体的规定。其一，《民法典》规定居住权原则上应无偿设立，但双方当事人可以另行约定，设立有偿居住权。其二，《民法典》规定居住权的期限可由双方在居住权合同中进行约定，但当事人未约定居住权期限的，推定居住权于居住权人死亡之时消灭，若居住权人在合同约定的期间内死亡，则居住权于死亡之时消灭。

《民法典》第三百六十九条还明确规定了居住权不得转让和继承，这主要也是为了保护所有权人对房屋的所有权。居住权属于特定人利用他人所有物的一项权利，其依附于特定人的利益而存在，本身不具有可处分性，自然也就不能被"转让"。而之所以不能发生"继承"，主要是由居住权的存续期间所决定的。如上文所述，居住权存续期限以居住权人的寿命为上限，即居住权的存续期限不得超过居住权人的生命周期。若允许居住权发生继承，则在居住权人死亡后，居住权人的继承人将会继承其享有的居住权，如此循环，房屋的所有权人便永远无法使自己对房屋的所有权回复到原始状态，这显然是违背常理的。

《民法典》中居住权的设立虽一定程度上是考虑到为弱势群体提供基本的居住保障，但实质上还是在于有效地平衡房屋所有权人与居住权人之间的合法权益，并非一味地侧重于保护某一方。上述案例中，张伯依靠居住权制度获得了适合自己的养老方式，同时作为房屋的合法所有权人，房产公司也依靠居住权制度有效地维护了自身的合法权益。

远亲不如近邻

——《民法典》下不动产相邻权利人的相处之道

友邻村的小张出差半年后回到家时发现，邻居老汪家那棵高大的梧桐树有几枝长长的枝丫伸入到自家庭院，还弄得院子里满地残枝落叶。小张于是找老汪理论，要求其剪掉延伸过来的树枝。老汪则认为梧桐树是自己精心种植，剪掉如此一大部分枝丫对树木伤害很大，且树枝延伸到小张庭院，只会增加小

张庭院的观赏性，不会造成重大不利影响，于是拒绝修剪。

二人争论不下，小张一气之下自己拿工具将梧桐树延伸到自家庭院的树枝部分全部剪下。老汪看到后，认为小张未经自己同意，破坏自己财物，属于侵权行为，要求小张赔偿。

事情越闹越大，村主任知悉后，赶紧赴老汪家中调解。村主任对老汪说道："老汪啊，这个越界的枝丫我们村几年之前不是开会讨论过吗？那时候你也在，我们都有共识的嘛，树枝越界到别人家，别人就可以剪掉，这几年各家各户也都是这么做的。"老汪正在气头上，回应村主任道："村主任，不要总和我讲村里的历史传统，他现在剪了我的树，必须赔偿！"调解出现僵局，村主任建议寻求法律上的专业帮助。经咨询律师，老汪得知此情形下当地习惯的确具有效力，故放弃了索赔的想法。尽管如此，老汪与小张也陷入了长时间的"冷战"。

 法条链接

《民法典》第二百八十八条

不动产的相邻权利人应当按照有利生产、方便生活、团结互助、公平合理的原则，正确处理相邻关系。

《民法典》第二百八十九条

法律、法规对处理相邻关系有规定的，依照其规定；法律、法规没有规定的，可以按照当地习惯。

半年后，小张着手修缮房屋，购入大量钢筋、水泥、混凝土砖等材料，因所购材料过多，小张的住所无法完全存放，而堆放在其住所外的话，因地形限制可能会侵占马路造成危险。因此小张请村主任找老汪协商，将部分建筑材料临时堆放在老汪门前侧方区域，并承诺不会影响老汪正常通行。老汪听后予以拒绝，认为此举是侵犯自己的私人领域，构成侵害财产权的行为。村主任向老汪解释，《民法典》明确规定此情形下，老汪有义务提供必要的便利，希望他不要意气用事。老汪思索再三，最后应允可以让小张堆放。

 法条链接

《民法典》第二百九十二条

不动产权利人因建造、修缮建筑物以及铺设电线、电缆、水管、暖气和燃气管线等必须利用相邻土地、建筑物的，该土地、建筑物的权利人应当提供必要的便利。

老汪的女儿在城市里定居，担心其在老家无人照顾，于是把老汪接到家里来住一段时间。进入5月，又到台风多发季节，几场暴雨之后，小张发现老汪家的围墙因年久失修，已经部分开裂向外凸出，成了危墙，随时可能会倒塌砸到自家庭院。他联系不上老汪，为了消除安全隐患，防止老汪财物受损，小张跟村主任打过招呼后，请来施工队对老汪的围墙进行修缮、加固。没多久，担心房屋被台风损坏的老汪回到友邻村，发现围墙已被修葺一新，大为感动，和小张冰释前嫌，并主动要求承担围墙修缮加固的费用。

法条链接

《民法典》第九百七十九条（节选）

　　管理人没有法定的或者约定的义务，为避免他人利益受损失而管理他人事务的，可以请求受益人偿还因管理事务而支出的必要费用；管理人因管理事务受到损失的，可以请求受益人给予适当补偿。

《民法典》第二百九十五条

　　不动产权利人挖掘土地、建造建筑物、铺设管线以及安装设备等，不得危及相邻不动产的安全。

律师说"典"

　　不动产的相邻方（包括不动产的所有权人、用益物权人或是占有人）行使物权时，相互之间需要考虑到对对方的影响，以提供方便或受到必要限制，这样的相邻权利义务关系即被称为相邻关系。实践中，相邻关系的处理往往涉及不动产的相邻权利人的切身利益，极易发生纠纷。《民法典》规定了"有利生产、方便生活、团结互助、公平合理"的相邻关系处理原则，旨在解决相邻方权利冲突问题，协调不同方的利益关系，维护社会安定团结。

在《民法典》规定的相邻关系处理原则指引下，应如何处理邻里争议纠纷呢？其实，当地习惯对于处理相邻关系具有重要作用。相邻关系纠纷首先依据法律法规处理，但法律法规对该问题没有规定的，可以按照当地习惯进行处理。在地方长期的社会交往活动中，可能会逐渐形成一些习惯，被当地居民们所普遍接受及遵从。在法律法规对某类相邻关系问题未进行明确规定的前提下，若当地习惯未违反法律规定，则可以按照当地习惯调整该类相邻关系问题。

关于堆放房屋修缮材料问题，涉及相邻土地与建筑物利用关系。根据《民法典》第二百九十二条，不动产权利人因为建造、修缮建筑物而必须利用到相邻方的土地的，相邻方对不动产权利人的此种临时占用行为应当允许。

关于围墙修缮的问题，涉及相邻防险关系的规定。根据《民法典》第二百九十五条，若不动产权利人所建建筑物之全部或部分有倒塌可能，威胁到相邻方的人身、财产安全，则只要有造成损害的危险存在，相邻方即享有请求不动产权利人预防损害的权利，不动产权利人负有预防损害的义务。不动产权利人不履行相邻防险义务的，相邻方可以请求不动产权利人承担消除危险的民事责任；给相邻方造成损失的，相邻方可以请求不动产权利人承担损害赔偿责任。

俗话说得好，"远亲不如近邻"，处理好相邻关系是民事法律关系众多规范中的重要一环，对此《民法典》专门以一章予以规定。当然，相邻关系远不限于法律条文中"冷冰冰"的字眼，在实践中有温情、有温度。相邻方在行使各自权利时，应团结互助，互相尊重对方的合法权益，即使发生争议，也宜先公平合理地协商解决，同时尊重当地的历史传统和风俗习惯，保持邻里和睦友好的关系。

微信扫码，加入【本书话题交流群】
与同读本书的读者，讨论本书相关话题，交流阅读心得

三、合同编

以商业保理解决企业应收账款的难题

——《民法典》中关于用商业保理解决企业现金流缺口的规定

小黄是阅江贸易公司的法定代表人和大股东。这两年公司生意火红，但鉴于公司初创未久，为留住大客户，小黄与大客户签订购销合同时，都按客户要求的付款账期来签订，往往约定六个月以上才回款。为了发展业务，小黄对此也只能咬咬牙接受了。刚开始时，他并不担心客户没有偿付能力，只是收款

的时间迟一点而已。谁知由此导致资金的流动性太差，日积月累，贸易公司账面上应收账款数额越来越大，不仅支付给上游供应商的款项难以保障，就连维持公司日常运营都经常捉襟见肘。

难以为继之下，小黄不得不多方筹集资金，但要么资金成本太高，要么吃闭门羹。而拉下脸来追讨应收款，很多客户都以账期未到为由拒绝付款。企业面临生存危机，如何救活企业，小黄一筹莫展。

一次老乡聚会上，看着愁眉不展的小黄，得知其困境的大民说道："你有这么多应收款还愁成这样子，要不要考虑通过商业保理方式融资？现在《民法典》对保理合同新增了很多规定，这类型业务受法律保护啊。你了解一下？"

"还是您有办法啊！"找到救命稻草的小黄满心感激。

次日，小黄联系了大民介绍的保力大商业保理公司咨询，了解到保理业务是指应收款债权人将其现有的或者将有的应收账款转让给保理人，由保理人为其提供资金融通、应收账款管理或者催收、应收账款债务人付款担保等综合性商贸服务。小黄可选择将阅江贸易有限公司的应收款转让给保力大商业保理公司，由保力大商业保理公司提供融资、催收服务。

很快，双方达成了首笔保理业务的合作意向，并签订书面《保理服务协议》，双方约定："1. 阅江贸易有限公司将其对某国企的100万元的应收账款转让给保力大商业保理公司；2. 保力大商业保理公司为阅江贸易有限公司提供有追索权的保理服务，由此向阅江贸易有限公司提供保理预付款80万元；3. 应收款到期后，保力大商业保理公司作为保理人，有权选择向应收账款债权人即阅江贸易有限公司主张返还保理融资款本息，也可以选择向应收账款债务人某国企主张应收账款债权；4. 保力大商业保理公司向某国企主张应收账款债权的，在扣除保理融资款本息和相关费用后有剩余的，剩余部分应当返还给阅江贸易有限公司。"

协议签订当日，阅江贸易有限公司按照约定将100万元的应收账债权凭据移交给了保力大商业保理公司，保力大商业保理公司向阅江贸易有限公司支付保理款项80万元。

法条链接

《民法典》第七百六十一条

保理合同是应收账款债权人将现有的或者将有的应收账款转让给保理人，保理人提供资金融通、应收账款管理或者催收、应收账款债务人付款担保等服务的合同。

《民法典》第七百六十四条

保理人向应收账款债务人发出应收账款转让通知的，应当表明保理人身份并附有必要凭证。

《民法典》第七百六十六条

当事人约定有追索权保理的，保理人可以向应收账款债权人主张返还保理融资款本息或者回购应收账款债权，也可以向应收账款债务人主张应收账款债权。保理人向应收账款债务人主张应收账款债权，在扣除保理融资款本息和相关费用后有剩余的，剩余部分应当返还给应收账款债权人。

得到第一笔保理"救命钱"后，阅江贸易有限公司渐见起色，但蜂拥而至的债权人又把小黄逼得喘不过气来。于是小黄拿出阅江贸易有限公司对某大型民企的200万元应收账款和保力大商业保理公司协商第二笔保理业务，这次小黄要求签订没有追索权的保理合同，保力大商业保理公司仔细审核相关债权凭据，又对该大型民企的资信情况进行详尽调查后，认为该笔债权风险不高，于是同意签订无追索权保理服务合同，双方约定："1. 保理人保力大商业保理公司向阅江贸易有限公司提供保理融资款人民币150万元；2. 债权到期后保力大商业保理公司向应收账款债务人某大型民企主张应收账款债权，保理人取得超过保理融资款本息和相关费用的部分，无需向应收账款债权人返还。"

根据以上合同，保理人保力大商业保理公司凭上述债权转让向阅江贸易有限公司融通资金后，即放弃对阅江贸易有限公司追索的权利，由保力大商业保理公司独自承担某大型民企拒绝付款或无力付款的风险。

法条链接

《民法典》第七百六十七条

当事人约定无追索权保理的，保理人应当向应收账款债务人主张应收账款债权，保理人取得超过保理融资款本息和相关费用的部分，无需向应收账款债权人返还。

律师说"典"

商业保理主要是为解决企业因赊销造成的现金流缺口问题而存在的，可以改善传统融资形式存在的模式落后、制度不完善、信息不对称等问题。《民法典》将"保理合同"列为新增的典型合同，并在第三编第十六章第七百六十一条至第七百六十九条对保理的相关制度作出详细规定，为企业更好地盘活资金、减轻企业应收账款管理和催收负担提供了有效解决思路和途径。

究其根本，保理合同的本质是应收账款债权让与，即债权人将基于买卖合同等法律关系产生的已经发生的或将来发生的债权转让给保理商，由保理商成为新的应收账款债权人。保理商根据保理合同约定提供以下服务中的至少一项：

（1）资金融通

以应收账款合法、有效转让为前提，提供融资服务，向供应商预付应收账款款项。

（2）应收账款管理

根据债权人的要求，定期或不定期向其提供关于应收账款的回收情况、逾期账款情况、对账单等财务状况的报告和统计报表，协助其进行应收账款管理。

（3）应收账款催收

根据应收账款账期，主动或应债权人要求，采取电话、函件、上门等方式或运用法律手段等对债务人进行催收。

（4）应收账款债务人付款保证

与债权人签订保理协议后，为债务人核定信用额度，并在核准额度内，对债权人无商业纠纷的应收账款，提供约定的付款担保。

同时提醒，根据《民法典》第七百六十三条规定，应收账款债权人和债务人"虚构应收账款"的，在保理人善意的前提下，虚构应收账款作为保理标的的，债务人不得以应收账款不存在为由对抗保理人，换言之，保理人在被"骗保"的情形下仍然可以进行权利主张，事后债务人主张应收账款不存在的理由不会被支持。

在过去几年的试点中，商业保理业务已经展现了它独特的作用和魅力，给更多的企业家带来盘活自家企业应收账款的机遇。《民法典》从民事最高法律位阶上对其予以正式规制，从而为解决企业融资难、发展压力大等难题提供有效解决之道。

高利放贷的民事法律行为无效

——《民法典》中关于禁止高利放贷的规定

老戴是某市有名的"大耳窿"（放高利贷者的俗称），伙同吴法、吴天兄弟专门从事高利放贷业务，为开拓市场，还专门成立了一间"巨利有限公司"从事该业务，先后已经高利放贷50多单，其中以个人名义借出的有10多单，以公司名义借出的有30多单，每月利率从4％至10％不等，借款者往往因为燃眉

再不还钱，要你好看！

之急被迫接受，但随后因为承担高额利息而苦不堪言。

小杰是众多受害者之一。一开始他经别人介绍向老戴借了10万元用于生意周转，约定借期半年，每月利息5%。一个月后，小杰的妻子突发脑梗需要50万元做手术，小杰被迫又找老戴借钱。这次老戴趁火打劫，要求小杰与其公司签订月利率为8%的借款合同，还索要4万元的"砍头息"，小杰等着手术费救爱妻，身边也没有人能够马上借出这么一大笔钱，无奈只能签字。

借期届满，老戴带着吴法、吴天去找小杰要债。生意未见起色，变卖店铺还了老戴的10万元本息和巨利公司50万元借款的几个月的利息后，小杰已是处于崩溃边缘。这笔债滚雪球般越滚越大，对他来说就是个无底深渊。小杰向老戴表示自己已经连利息都还不起了，请求老戴减免利息。老戴软硬兼施无果，于是横眉竖眼骂道："呸！还不起那你借什么借啊！等着吃官司吧！"

随后老戴以巨利公司的名义向法院提起了诉讼，诉请小杰偿还本金50万元并按照月利率8%计算利息。然而法院的判决却让老戴狠狠吃了瘪——《民事判决书》仅支持按46万元计算本金，且只按合同成立时一年期贷款市场报价利率的四倍计付利息，驳回巨利公司的其他诉讼请求。

法条链接

《民法典》第一百五十三条

违反法律、行政法规的强制性规定的民事法律行为无效。但是，该强制性规定不导致该民事法律行为无效的除外。

违背公序良俗的民事法律行为无效。

《民法典》第六百八十条

禁止高利放贷，借款的利率不得违反国家有关规定。

借款合同对支付利息没有约定的，视为没有利息。

借款合同对支付利息约定不明确，当事人不能达成补充协议的，按照当地或者当事人的交易方式、交易习惯、市场利率等因素确定利息；自然人之间借款的，视为没有利息。

《最高人民法院关于审理民间借贷案件适用法律若干问题的规定》第二十七条

借据、收据、欠条等债权凭证载明的借款金额，一般认定为本金。预先在本金中扣除利息的，人民法院应当将实际出借的金额认定为本金。

另外，公安部门查实老戴及巨利公司以营利为目的，经常性地向社会不特定对象发放贷款，扰乱金融市场秩序，情节严重，已构成非法经营罪，依法取缔巨利公司，并追究老戴及吴法、吴天兄弟的刑事责任。

 法条链接

　　最高人民法院、最高人民检察院、公安部、司法部《关于办理非法放贷刑事案件若干问题的意见》第一条

　　违反国家规定，未经监管部门批准，或者超越经营范围，以营利为目的，经常性地向社会不特定对象发放贷款，扰乱金融市场秩序，情节严重的，依照刑法第二百二十五条第（四）项的规定，以非法经营罪定罪处罚。

　　前款规定中的"经常性地向社会不特定对象发放贷款"，是指2年内向不特定多人（包括单位和个人）以借款或其他名义出借资金10次以上。

 法条释义

　　高利贷：违反国家有关限制借款利率的规定、利率约定超过银行同类贷款利率的四倍的，即为高利贷。

> 砍头息：从贷款本金中先行扣除利息、手续费、管理费、保证金的，即为"砍头息"。"砍头息"的设置是违法的，预先在本金中扣除利息的，人民法院应当将实际出借的金额认定为本金。

 ## 律师说"典"

随着消费金融的暴涨，小贷公司、助贷平台异常火热，网贷变套路贷、现金贷变高利贷，民间借贷领域的诸多乱象既影响正常的金融秩序，也给经济社会稳定带来严重隐患。2019年10月，最高人民法院、最高人民检察院、公安部、司法部联合印发《关于办理非法放贷刑事案件若干问题的意见》明确非法放贷可能构成非法经营罪，而《民法典》则再次明确"禁止高利放贷"，这意味着中国对长期以来泛滥的高利贷行为"民事禁止、刑事打击"，充分体现了法律层面对民间高利放贷行为的严厉禁止。

本案中巨利公司向小杰出借的50万元，因借款月利率高达8%（年利率已达到96%），严重违反国家有关规定，属于《民法典》第六百八十条规定禁止的高利放贷行为。事先收取砍头息4万元的行为更是被法律禁止，根据相关规定，预先在本金中扣除利息的，人民法院应当将实际出借的金额认定为本金。

　　根据《中华人民共和国商业银行法》相关规定，信贷作为一项金融业务，依法只能由国家指定的具有金融信贷权的银行和其他金融机构专营，金融机构以外的企业不得从事吸存与放贷业务，金融机构违法放贷也可能构成刑事犯罪。根据《非法金融机构和非法金融业务活动取缔办法》第四条规定："本办法所称非法金融业务活动，是指未经中国人民银行批准，擅自从事的下列活动：……（三）非法发放贷款、办理结算、票据贴现、资金拆借、信托投资、金融租赁、融资担保、外汇买卖。"

　　老戴、巨利公司等在没有发放贷款资质的情况下，经常性、专业性地从事违法发放高利贷款的业务，属于"违反法律、行政法规的强制性规定""违背公序良俗"的行为，在《关于办理非法放贷刑事案件若干问题的意见》出台后，更上升为刑事犯罪，依法应受严惩。

承租人承租未经出租人同意转租的房屋有风险

——《民法典》中关于转租合同效力和优先承租权的认定的规定

　　结束了欢乐而充实的大学时光，小王跟同窗四年的好友们各奔东西。他们有的选择回老家继承家业，有的选择出国继续深造，有的报考了公务员，小王则选择了留在大学所在的城市打拼。

　　虽然毕业前找工作的过程并不顺利，但小王最终还是磕磕绊绊地拿到了一家互联网公司的offer（录用通知）。开完毕业

我愿意以相同条件继续租这个房子，我有优先承租权。

典礼，学校就通知毕业生限期搬离宿舍。为此，他急需一个落脚点。没想到合适的房子比合适的工作还难找，一天，小王无意中在学校贴吧里看到同校师兄的帖子，师兄发帖说在这个城市生活压力太大了，准备回三线小城市的老家找回自我，现在要把住了两年的房子转租出去，租期还剩一年，而且这一年的租金他已经付过了，新租客可以分期付给他，洗衣机、冰箱等电器可以免费赠送。

虽然小王觉得租金有点高，但房子条件不错，而且就在学校附近，让他有了一丝亲切感，于是他马上联系师兄，租下了房子。尽管听说毕业季租房有不少"坑"，但师兄友好的态度，还是让小王感到很踏实。

转眼半年过去，结束了每天的工作回到舒适小窝的小王还是感到无比的惬意。不料有一天，房东阿张的老婆何婶突然联系小王，说小王的师兄未经他们同意就把房子转租，现在她要收回房子，让小王准备搬家。

小王知道何婶眼看周边房价上涨，想涨房租，把房子重新放租，因此要先清场。想到又要"流落街头"了，小王有点忧愁，这时同事老王却掏出《民法典》告诉他不用担心。原来房东阿张从小王搬来的第一天就见过小王，知道了转租的事，他当时也没反对，现在过去半年了，根据《民法典》第七百一十八条，应当视为同意转租，何婶现在是不能让小王搬出去的。

法条链接

《民法典》第七百一十六条

承租人经出租人同意，可以将租赁物转租给第三人。承租人转租的，承租人与出租人之间的租赁合同继续有效；第三人造成租赁物损失的，承租人应当赔偿损失。

承租人未经出租人同意转租的，出租人可以解除合同。

《民法典》第七百一十八条

出租人知道或者应当知道承租人转租，但是在六个月内未提出异议的，视为出租人同意转租。

　　师兄的租约到期后，小王主动联系了房东阿张，重新签了一年的租约，这回何婶找不到任何借口了。可是，新租约还剩一个月的时候，何婶开始发布租房信息，将房租涨了500元，并带着新的租客来看房，新的租客对房子很满意，准备当场跟何婶签下租房合同。这个时候已经转正并涨了工资的小王说话了，他说愿意以同等价格承租，新的租客不服，说自己应该先到先得。此时的小王不再是那个初入社会的菜鸟了，他像老王一样掏出《民法典》，指着第七百三十四条说："我有优先承租权，我才是先到先得。"

法条链接

《民法典》第七百三十四条

租赁期限届满，承租人继续使用租赁物，出租人没有提出异议的，原租赁合同继续有效，但是租赁期限为不定期。

租赁期限届满，房屋承租人享有以同等条件优先承租的权利。

律师说"典"

一、房屋转租应注意什么？

对于师兄在未征得房东同意的情况下擅自将房屋转租给小王的行为，可以说案例中作为次承租人的小王是有点"走运"的。若不是这次的擅自转租恰好满足了《民法典》第七百一十八条规定的"出租人知道或者应当知道承租人转租"和出租人"六个月内未提出异议"这两个条件，小王可能已经被师兄坑到"流落街头"。

根据《民法典》第七百一十六条的规定，未经出租人同意的转租行为中，次承租人与承租人之间签订的转租合同存在随时被出租人解除的风险。

这种擅自转租的情况，在现实中很常见，有些二房东故意隐瞒原房东的存在，通过承租、转租倒手赚差价，对此，租客尤其是刚毕业的大学生要特别注意：（1）要查看房产证，对照出租人是否为房东本人；（2）如果出租人亮明自己"二房东"的身份，则需要查看原房东与二房东的租赁合同，要确定原租赁合同规定的终止日期不早于自己与二房东合同的终止日期，否则超出的租期可能无法得到保障；（3）要看原租赁合同中是否有允许转租的约定。

二、什么是优先承租权？

如今，租客基本是弱势群体，租约到期后房东常常涨租加价，租客被迫离开熟悉的环境，花费很大的精力搬家。对此，《民法典》新增了租客有优先承租权的规定。在租赁关系中，原承租人在合同到期要求续签租赁合同时，对原租赁物在同等条件下拥有优先权。这种优先权成立于租赁关系开始时，发生于租赁合同届满之日，是一种附限制条件的权利，即在同等条件下才享有。至于所谓的同等条件，首先是指同一价格，即租金应当相同；此外，租金的支付方式与期限、承租人与出租人的关系等因素也在考虑之列。

随着房屋租赁的日渐普遍，承租人在经济上明显处于弱势地位，《民法典》新增关于承租人的优先承租权贴近现实生活，在满足公平原则的基础上更加侧重于保护处于弱势地位的民事主体。

《购房意向书》能否认定为《房屋买卖合同》

——《民法典》中关于预约合同和本约合同的法律效力问题的规定

　　打拼多年的小民终于凑足了资金，觉得可以考虑买套房子安定下来。经过精心挑选，他看中了某地产公司的一套房子。为避免房子被人捷足先登，2020年6月1日，小民与该地产公司签订了一份《购房意向书》，约定小民向地产公司购买位于解放二路金菊小区的一套房屋，总价300万元，小民应于意向书签订当日支付定金50万元，剩余购房款在本年度内分6期支付，地

产公司应协助小民办理房屋过户手续。

小民在意向书签订当日就支付了50万元定金，并一直按期支付购房款。然而，眼见房价持续上涨，地产公司开始反悔，先是以各种理由拖延签订买卖合同，之后更是干脆不接小民的电话。小民上门要求地产公司办理过户手续。地产公司却说，《购房意向书》只是约定了购买房屋意向，是预约合同，而不是正式的房屋买卖合同，没有法律约束力。

对所谓的预约合同小民不是很懂，但直觉上认为地产公司出尔反尔是不诚信的行为，对此感到十分恼怒。他咨询律师后，向法院提起了诉讼。经审理，法院认为小民与地产公司签订的协议虽然名为"购房意向书"，但其实际内容已经包含标的房屋基本情况、价款数额以及价款支付方式等合同基本内容，且地产公司已经先后收到小民支付的定金及部分购房款，因此法院认定该意向书性质为房屋买卖合同，双方之间存在合法有效的房屋买卖关系，并在此基础之上判决买卖双方继续履行合同义务。

 法条链接

《民法典》第四百九十五条

当事人约定在将来一定期限内订立合同的认购书、订购书、预订书等，构成预约合同。

当事人一方不履行预约合同约定的订立合同义务

的，对方可以请求其承担预约合同的违约责任。

《民法典》第五百七十七条

当事人一方不履行合同义务或者履行合同义务不符合约定的，应当承担继续履行、采取补救措施或者赔偿损失等违约责任。

律师说"典"

一、什么是预约合同？它跟普通的合同有什么区别？

《民法典》第四百九十五条规定："当事人约定在将来一定期限内订立合同的……，构成预约合同。"预约合同的核心在于"约定在将来一定期限内订立合同"，一般不约定具体的合同义务，这是预约合同区别于本约合同的本质特征，常见的预约合同形式有认购书、订购书、预订书、意向书等。

二、《购房意向书》一定就是预约合同吗？

不一定。

在法律实务中，一份合同是预约合同还是本约合同，并不完全由合同名称来定，更多是根据合同内容来定。

根据《最高人民法院关于审理商品房买卖合同纠纷案件适用法律若干问题的解释》第五条："商品房的认购、订购、预订等协议具备《商品房销售管理办法》第十六条规定的商品房买卖合同的主要内容，并且出卖人已经按照约定收受购房款的，该协议应当认定为商品房买卖合同。"即如果《购房意向书》中明确约定了房屋买卖的主要条款，如交易价格、房屋位置、付款时间等，本质上已经具备买卖合同的基本内容，可视为签订了《房屋买卖合同》，买受人有权选择要求出卖人继续履行该合同或要求出卖人承担违约责任。具体就本案而言，小民和地产公司在《购房意向书》中对房屋价格（300万元）、位置（解放二路金菊小区）、付款方式（分期支付）等进行了明确，可见这份《购房意向书》已经具备买卖合同的主要内容，实务中很大可能会被认定为《房屋买卖合同》，从而对双方均产生拘束力，地产公司不得随意解除合同。

三、订立《购房意向书》时，应当注意什么？

最重要是明确自己想通过签订《购房意向书》实现什么样的目的。

地产公司希望以预约合同的形式签订合同，给自己留足余地，实现"进可攻，退可守"的交易目的，所以地产公司在签订《购房意向书》时一般倾向于对其"在将来一定期限内订立合同"的目的进行明确和强调，详略得当地设置合同条款，从而避免《购房意向书》直接被法院认定为本约合同。

而小民则是想通过《购房意向书》把交易固定下来，避免地产公司随意反悔或者房子被他人捷足先登，那么，小民就应当在《购房意向书》中明确列明违约责任，多约定实质性的条款（如价格、交付时间、过户义务等），甚至不以"购房意向书"这种容易被理解成"预约"的形式签订合同，这样在地产公司反悔时，小民的权益就能够得到较为充分的保障，无论合同被直接认定为买卖合同，还是被认定为预约合同后通过其违约条款追究地产公司的违约责任，都将对小民更为有利。

告别物业管理 "糊涂账"

—— 《民法典》中关于规范和保护业主权利的相关规定

　　小卢几经波折，终于在金菊小区买下一套自己满意的房子。乔迁新居本是喜事一桩，小卢一开始自然也是满心欢喜，可好景不长，慢慢地小卢对新居的环境越来越不满意。

　　小卢一向有饭后散步的习惯，原以为搬进金菊小区后，无须再忍受车水马龙的嘈杂，出门就有幽静怡人的林荫小道。可小卢入住后，目之所及是无人清理的道旁垃圾、污水横流的下水道口、杂草丛生的花圃草坪，地下车库无人打扫，地面已覆盖了厚厚一层尘土。想象中令人心旷神怡的林荫小道，现实中

我们这里物业服务太差了，我准备不交管理费了！

《民法典》规定，业主应该要按约定交管理费。不过也规定了，物管公司不能采取停电、停水等措施来催收管理费，我觉得你们还是好好协商一下吧。

却是杂乱破败的。阵阵晚风夹杂着不知何处的污秽气味迎面扑来，小卢的心情一下子沉入谷底。

转眼小卢已经入住半月有余，起初还自我安慰环境杂乱只是因为小区刚刚竣工所以管理跟不上，很快物业管理公司会还业主们一个舒适的环境，可谁知乱象却愈演愈烈。这天小卢发现，物业公司的门卫对于进入小区的陌生人不盘问、不阻止、不登记，小区中有很多来历不明的外来人员，导致业主毫无安全感可言。

忍无可忍，小卢在业主论坛中发了封公开信，要求物业公司履行职责，加强服务，切实维护业主权益。该信一下子引发其他业主对物业公司不作为的声讨，群情汹涌，但物业公司对此却无动于衷。

 法条链接

《民法典》第九百四十二条

物业服务人应当按照约定和物业的使用性质，妥善维修、养护、清洁、绿化和经营管理物业服务区域内的业主共有部分，维护物业服务区域内的基本秩序，采取合理措施保护业主的人身、财产安全。

对物业服务区域内违反有关治安、环保、消防等法律法规的行为，物业服务人应当及时采取合理措施制止、向有关行政主管部门报告并协助处理。

　　第二天，小卢下班回来，在电梯里密密麻麻的广告中间，发现物业公司新张贴的一张告示。大意是说由于管理成本增加，现物业管理公司决定将金菊小区的停车费从之前的120元/月涨到250元/月，给业主们带来不便，敬请理解云云。小卢一看，不由得大为光火，物业管理公司事情没做一桩一件，服务没提供一星半点，甚至连工作人员都没见过几次，该收的钱倒是一分不少，现在又无缘无故把停车费用翻了一番还多，甚至美其名曰管理成本增加，这有进无出的架势莫不是貔貅下凡？小卢下定决心，倒要看看物业管理公司所称管理成本增加从何而来，自己付的物业管理费到底被花到哪儿去了。

 法条链接

《民法典》第九百四十三条

　　物业服务人应当定期将服务的事项、负责人员、质量要求、收费项目、收费标准、履行情况，以及维修资金使用情况、业主共有部分的经营与收益情况等以合理方式向业主公开并向业主大会、业主委员会报告。

　　经过小卢与物业管理公司的多番交涉，物业管理公司终于公示了相关资金使用情况，小区的物业管理工作也逐渐走上正轨，但仍有许多不尽如人意之处。没过几天，小卢下班时经过物业管理处，发现一名邻居正在与物业管理公司的经理争吵，双方言辞激烈，直吵得面红耳赤，相持不下。小卢向旁人一问才知道，原来这名邻居也一直对物业管理公司的管理服务十分不满，且屡屡沟通未能得到改善，因此邻居一怒之下便不再缴纳物业管理费，并声称不再接受物业管理公司的任何服务。物业管理公司对此一直不置可否。在邻居欠缴了近期两个月的物业管理费用后，物业管理公司当即停止对邻居居住的物业提供生活用电、生活用水及燃气等，严重影响了邻居的正常生活。邻居因此怒从心起，立即到物业管理处寻个说法。邻居与物业管理公司各说各有理，吵得不可开交，可谁也拿不出确凿的依据说服对方，最后双方悻悻而散。

眼看局面不可收拾，于是小卢求助自己公司的法律顾问张律师。张律师听完事情经过告诉小卢，《民法典》就业主权利的规范和保护进行了详细的规定，包括小卢及其邻居在内的金菊小区业主完全可以通过法律途径维护自己的合法权益，并提供了具体的处理方案。

小卢当即将法条链接在业主论坛中分享，号召其他业主理性维权，合法维权。金菊小区的业主们推举小卢为代表，与物业管理公司就小区管理的各项事务进行了协商，并最终达成一致。此后，小区的道路维修、环境养护、垃圾清洁、绿化打理等管理工作均得到了有效的改善。

法条链接

《民法典》第九百四十四条

业主应当按照约定向物业服务人支付物业费。物业服务人已经按照约定和有关规定提供服务的，业主不得以未接受或者无需接受相关物业服务为由拒绝支付物业费。

业主违反约定逾期不支付物业费的，物业服务人可以催告其在合理期限内支付；合理期限届满仍不支付的，物业服务人可以提起诉讼或者申请仲裁。

物业服务人不得采取停止供电、供水、供热、供燃气等方式催交物业费。

律师说"典"

随着城市化的发展，住宅小区逐渐成为越来越常见的社区单位，也有越来越多的居民选择成为住宅小区的业主。如果说住宅小区是业主们生活起居的家园，物业管理公司就犹如业主们的"大管家"，小区的维修、养护、清洁、绿化等公共服务工作，以及物业服务区域内之业主共有部分的经营管理工作等都由物业管理公司负责，旨在通过物业管理公司的专业管理给业主们营造一个舒适宜居的家园。

对于大多数业主来说，出于方便和信任，物业管理费用通常直接以物业管理公司确定的金额为准进行缴纳，而物业管理费用的具体收费标准、收支情况究竟如何，物业管理公司的服务状况又如何改进，对大多数业主来说则通常都是一笔"糊涂账"。糊涂账糊涂算，日积月累，常常产生各种各样的问题，使得业主和物业管理公司站到对立面，酿成矛盾。为了解决这一"老大难"问题，《民法典》将物业服务合同列为新增的四种有名合同之一，将其作为典型合同进行专门规定，在第九百四十二条、九百四十三条及九百四十四条中明确了小区业主与物业管理公司等物业服务人之间的权利和义务。

《民法典》第九百四十二条的内容，系《民法通则》《民法总则》未予涉及的新增内容，规定了物业服务人的一般义务。根据该条款的规定，物业服务人的一般义务不仅包括对小区内业主的共有部分进行妥善维修、养护、清洁、绿化和经营管理，还包括采取合理措施保护业主的人身、财产安全。具体而言，对于小区内违反治安、环保、消防等法律法规的行为，比如说出现偷盗、抢劫的情况，物业管理公司等物业服务人及相关管理人员负有报警义务。此外，物业服务人也应该采取合理的安全保障措施保护业主人身、财产安全，比如在小区范围内安装摄像头、增加保安巡逻班次等。

《民法典》第九百四十三条规定了物业服务人的信息公开义务，使得物业管理费用的收支不再是一笔"糊涂账"，对于物业服务合同的规范有着举足轻重的作用，该项内容也构成了物业服务合同项下极其重要的必要条款。根据该条款的规定，物业管理公司等物业服务人有义务将物业服务的事项、负责人员、质量要求、收费项目、收费标准、履行情况，以及维修资金使用情况、业主共有部分的经营与收益情况等物业管理情况定期公开并向业主报告。易言之，如果物业服务人不公开以上情况的，则构成侵犯业主知情权的行为，该等行为非但与法相悖，也违反了物业服务合同中的必要条款，业主可依法、依约追究物业公司的违约责任。

《民法典》第九百四十四条就物业管理费用的支付与收取，规定了业主与物业公司的权利、义务。一方面，业主有义务依约履行支付物业管理费用的义务，不得因对物业服务不满而拒绝支付物业管理费用；另一方面，业主未依约支付物业管理费用的，物业服务人应当依法催收，不得利用断水电、断供热或断燃气等影响业主日常生活的方式催收物业管理费用。具体而言，业主未能依约及时支付物业管理费用的，物业服务人有权催告业主在合理期限内支付；合理期限届满业主仍不支付物业管理费用的，物业服务人有权提起诉讼或者申请仲裁。

实践中，大多数物业服务人都属于较为强势的一方，为了催缴物业管理费用，常采用断水断电等极端方式，严重影响业主的正常生活，而业主面对物业服务人的强势地位往往无可奈何，只能以拒绝缴纳物业管理费用的方式进行抗争，使得矛盾步入恶性循环。《民法典》从源头上就这一关系民生的问题予以明文规定，一方面明确双方的权利义务，保障物业服务的质量，减少业主与物业服务人之间的摩擦；另一方面就物业矛盾的解决设置有建设性、具操作性的维权程序，争取以最小的成本、最快的时间将矛盾大事化小、小事化了，引导物业公司和业主采取合理合法的措施保障各自的利益，对于物业矛盾的减少、解决，以及物业服务质量、业主生活水平及生活质量的提升都有着重大意义。

不可抗力和情势变更的适用

——《民法典》中关于疫情期间违约如何抗辩的规定

2010年，小刚下海创业，在深圳市福田区开办了一家电子厂，生产继电器、半导体二极管、集成电路等各类元器件。经多年经营，小刚的生意日渐红火，全国各地的订单纷至沓来。2019年，小刚从老赵那里租下了新的厂区，准备大干一场。然而2020年年初，新冠肺炎疫情席卷全球，行业一片萧条，小刚的工厂陷入停顿，租金、设备、工人工资、订单都成了问题，小刚心急如焚。

不可抗力是不能预见、不能避免且不能克服的客观情况。今年的新冠肺炎疫情，在爆发初期总体符合"不能预见、不能避免、不能克服"这三个特点，可认定为不可抗力。

租金、设备、工人工资、订单都成了问题！

2020年2月2日，听闻中国贸促会向因疫情影响无法按时履约的浙江湖州某汽配制造企业出具了全国首份新型冠状病毒肺炎疫情不可抗力事实性证明书，小刚接受了"不可抗力"这个概念。不久，他又收到位于武汉光谷的某集团通知，通知上说，新冠肺炎疫情不能预见、不能避免且不能克服，已构成不可抗力，公司经营已经完全无法开展，请求解除2019年跟小刚的电子厂签订的元器件采购合同。小刚综合考虑后，同意解除合同。

法条链接

《民法典》第一百八十条

因不可抗力不能履行民事义务的，不承担民事责任。法律另有规定的，依照其规定。

不可抗力是不能预见、不能避免且不能克服的客观情况。

《民法典》第五百六十三条

有下列情形之一的，当事人可以解除合同：

（一）因不可抗力致使不能实现合同目的；

（二）在履行期限届满前，当事人一方明确表示或者以自己的行为表明不履行主要债务；

（三）当事人一方迟延履行主要债务，经催告后在合理期限内仍未履行；

（四）当事人一方迟延履行债务或者有其他违约行为致使不能实现合同目的；

（五）法律规定的其他情形。

以持续履行的债务为内容的不定期合同，当事人可以随时解除合同，但是应当在合理期限之前通知对方。

解除武汉某集团的采购合同后，小刚决定同样以不可抗力为由向自己的上游合作方主张免责或解除合同，以缓解自己的经营压力。他向自己厂房的出租人老赵发出通知，认为疫情是不可抗力，工厂显然已无法开工，并提供了《广东省人民政府关于企业复工和学校开学时间的通知》作为证明，小刚进一步表示，租下的新厂区自疫情发生后就没有实际使用，电子厂没有收入来源，希望能够解除租赁合同或者疫情期间全额免除自己的租金。出租人老赵则认为，以深圳的疫情严重程度和紧急措施力度，尚不足以构成不可抗力，况且小刚虽然没有开工，但厂房里还存放着小刚的设备、产品，厂房无法租给别人，小刚若是强行解除合同，将以违约起诉小刚。后来经反复协商，老赵同意在小刚的工厂复工前租金减半收取。

 法条链接

《民法典》第五百三十三条

合同成立后，合同的基础条件发生了当事人在订立合同时无法预见的、不属于商业风险的重大变化，继续履行合同对于当事人一方明显不公平的，受不利影响的当事人可以与对方重新协商；在合理期限内协商不成的，当事人可以请求人民法院或者仲裁机构变更或者解除合同。

人民法院或者仲裁机构应当结合案件的实际情况，根据公平原则变更或者解除合同。

 法条释义

情势变更，即客观事实的异常变动，是指合同有效成立后，因不可归责于双方当事人的事由发生重大变化而使合同的基础动摇或者丧失，若继续维持合同会显失公平，因此允许变更合同内容或解除合同的原则。①

律师说"典"

一、如何认定不可抗力？

《民法典》第一百八十条规定："不可抗力是不能预见、不能避免且不能克服的客观情况。"2020年的新冠肺炎疫情，在爆发初期总体符合"不能预见、不能避免、不能克服"这三个特点，可认定为不可抗力，其直接法律效果是当事人可以依据《民法典》第一百八十条主张部分或全部免除违约责任，或依据《民法典》第五百六十三条产生法定的合同解除权，故而案例中的武汉某集团可以主张解除合同，而不用承担任何责任。

但法院实际判例中对不可抗力的认定和适用有较为严格的限制，以新冠肺炎疫情为例，疫情能否构成合同履行的不可抗力受到以下因素的影响：第一，合同的不可抗力条款有无对不

---

① 中国审判理论研究会民事审判理论专业委员会编著：《民法典合同编条文理解与司法适用》，法律出版社2020年版，第125页。

可抗力类型做具体约定；第二，合同签订的时间，即新冠肺炎疫情必须发生在合同成立以后、履行期限届满以前；第三，合同履行受疫情影响的程度，其影响因素具体又包括合同类型、合同履行地政府防控措施严格程度、同期同地区类似合同的履行情况等。

二、不可抗力和情势变更有什么区别？该主张哪一个？

简单来说，两者的区别即"不可能"和"不实际"的区别。不可抗力事件更多地体现为"该事件导致在现实中根本不可能履行合同义务"，而情势变更事件则表现为"该事件导致需要花费巨大的代价来履行合同义务"。还是以新冠肺炎疫情为例，对于疫情发生之后的大部分合同而言，当事人并非不能履行，通常的情况是合同履行的成本急剧上升。比如案例中小刚与老赵的租赁合同，并非完全无法履行，但考虑到小刚的电子厂受疫情影响无法开工，疫情期间也确实没有利用厂房从事生产、获取营收，故双方可基于公平原则重新协商，对合同内容进行变更，即业主老赵对小刚进行一定期限内的租金减免。

微信扫码，加入【本书话题交流群】
与同读本书的读者，讨论本书相关话题，交流阅读心得

四、人格权编

公众人物有隐私权吗？

——《民法典》中对隐私权的保护

凌晨四点，整个城市都沉沉入睡的时候，小信才结束一天的工作，匆匆赶往酒店。

作为新生代流量明星，小信在屏幕里向来是光鲜亮丽的，但在镜头背后，却有不为人知的辛酸。为了保持热度，留住资

源，他总有赶不完的通告，拍不完的综艺节目。与之相伴的，还有疯狂的粉丝和躲不掉的媒体，没日没夜地堵着他。

今天的综艺节目是关于街舞的，虽然拍起来累一些，但是小信很开心。他从小就有个街舞梦，开明的父母并没有将之视为异端，而是在他迷茫时给他最需要的支持。今天这最后一期拍完，他原来想着终于能回家见见父母，好好休息休息了。可是这个愿望似乎遥不可及。拍摄期间，经纪人慌张地告诉小信，他父母的住址不知道被谁泄露出去了，现在已经被粉丝们堵得水泄不通，晚上只能去酒店将就一下了。

小信点开了微博上关于他家住址的热搜，看到视频里父母被粉丝吓得狼狈不堪的样子，恼怒不已。想到刚出道时，他的身份证、护照不知道被谁偷拍下来发到了网上；去年，他初恋女友的身份信息被扒出、到处流传，害得她差点得了抑郁症；现在，连父母家的住址也成了公开信息。这一刻的小信是绝望的，他觉得自己就像一幅挂在墙上的画，被别人看了个精光，自己却动弹不得、反抗不得。

法条链接

《民法典》第一千零三十二条

自然人享有隐私权。任何组织或者个人不得以刺探、侵扰、泄露、公开等方式侵害他人的隐私权。

隐私是自然人的私人生活安宁和不愿为他人知晓

的私密空间、私密活动、私密信息。

《民法典》第一千零三十四条

自然人的个人信息受法律保护。

个人信息是以电子或者其他方式记录的能够单独或者与其他信息结合识别特定自然人的各种信息，包括自然人的姓名、出生日期、身份证件号码、生物识别信息、住址、电话号码、电子邮箱、健康信息、行踪信息等。

个人信息中的私密信息，适用有关隐私权的规定；没有规定的，适用有关个人信息保护的规定。

但他是公众人物，他只能忍耐着，继续完成节目拍摄。

凌晨四点，节目拍摄结束，他累得说不出话。回家也好，酒店也罢，他现在只想好好睡一觉。为了保证小信不被打扰，经纪人特地订了个偏僻的别墅酒店。到酒店时，天已微亮。小信进了房间，一头扎在床上，很快进入了梦乡。梦里，他被一群粉丝疯狂追赶着，吓出了一身冷汗。

"小信，你没事吧！"小信忽然从噩梦中惊醒，刚想说没事，却又被窗外的陌生人吓了一大跳——"你是谁啊？"小信愤怒地质问窗外的女子。

"你别生气嘛，我是你的粉丝，因为担心你所以才在房间外等你的。"话音未落，窗外又多了几个人，吓得小信脸都白了。

法条链接

《民法典》第一千零三十三条

除法律另有规定或者权利人明确同意外，任何组织或者个人不得实施下列行为：

（一）以电话、短信、即时通讯工具、电子邮件、传单等方式侵扰他人的私人生活安宁；

（二）进入、拍摄、窥视他人的住宅、宾馆房间等私密空间；

（三）拍摄、窥视、窃听、公开他人的私密活动；

（四）拍摄、窥视他人身体的私密部位；

（五）处理他人的私密信息；

（六）以其他方式侵害他人的隐私权。

小信突然觉得这几个人有点眼熟。他忽然想起来，上次自己回父母家吃饭，也是这几个人一直尾随他。

"这段时间你人气低迷，我们也是想帮你上个热搜……"这群"入侵者"谈起自己的行为来倒是理直气壮，但小信只觉得可笑又可悲。何谓明星？何谓粉丝？如果喜爱一个人是通过这种方式，他倒宁愿自己没有粉丝。

"你们别再这样了，明星也有隐私权，明星的个人信息也受法律保护，你们如果再这样乱来，我可以告你们侵权！"小信愤怒地对这群疯狂的粉丝发出了最后通牒，他们显然也被小信认真的样子吓得不轻，灰溜溜地逃走了。

在律师的帮助下，小信正式向有关网站发函，要求删除其网站上关于自己个人隐私的所有信息，同时亦向当地人民法院提起申请，要求发布上述信息的网友立即停止发布其个人隐私信息的行为。

 法条链接

《民法典》第九百九十七条

民事主体有证据证明行为人正在实施或者即将实施侵害其人格权的违法行为，不及时制止将使其合法权益受到难以弥补的损害的，有权依法向人民法院申请采取责令行为人停止有关行为的措施。

 ## 律师说"典"

身为公众人物，明星是否享有隐私权？如果享有，隐私权的边界何在？过去曾有一些观点认为，"欲戴王冠，必承其重"，既然明星选择了成为公众人物，吸引着观众的注意力，就应当坦然面对隐私泄露的现实，毕竟明星的闪耀都是来源于粉丝的喜爱。诚然，明星与普罗大众的隐私权空间程度有所不同，基于职业性质，他们享有着独特的社会地位，被广大粉丝群众追捧、效仿，被媒体和公众广泛关注和监督，其隐私权必然会受到一定程度的限制，因此在公众合理关怀范围内的信息披露一般不被认为是侵犯明星隐私权，例如明星的年龄体征、婚恋状况、兴趣爱好等。

然而，随着信息网络技术的发展，近年来屡见不鲜的"私生饭"现象引起了人们对保护明星隐私权和个人信息的理性探讨。"私生饭"是指艺人明星的粉丝里行为极端、作风疯狂的一种人。他们为满足自己的私欲喜欢跟踪、偷窥、偷拍明星的日常生活，骚扰自己喜欢的明星，影响艺人甚至艺人家人的私生活。许多当红明星频繁遭到"私生饭"的围追堵截，更有甚者为了躲避"私生饭"不得不请替身演员、放"烟雾弹"，才勉强逃出狂热的粉丝们的围堵。案例中，明星小信"酒店被埋伏"的遭遇也确实在现实生活中屡次发生。"私生饭"们为了追星，显然已经越过了明星隐私权的边界，干扰了明星的私人生活安宁，以"公共利益"为借口无限度地放大私人生活信息，最终将导致私权体系的崩塌，公民的隐私权将荡然无存。因此，法律有必要对此类行为予以规制，切实保护每一位公民的隐私权和个人信息安全。

《民法典》时代，保护隐私权的相关问题有了更清晰的答案。诞生于互联网时代的《民法典》，在个人信息保护方面更有针对性。一方面，《民法典》第一千零三十四条延续了《网络安全法》第七十六条对个人信息的定义，并考虑现实状况增加了电子邮箱、行踪信息两种新的个人信息类型；另一方面，《民法典》将"个人信息"进行了新的分类，在第一千零三十二条给出了隐私的定义，指出隐私既包括 "私人生活安宁"，也包含 "私密空间" "私密活动" "私密信息"，这在一定程度上拓展了法律对隐私权的保护范围。有鉴于此，垃圾短信、骚扰电话等扰乱 "私人生活安宁" 的现象或许会在《民法典》出台后得以平息。此外，《民法典》第一千零三十三条归纳列举了侵害隐私权的具体行为，并考虑到基于正当目的限制权利人隐私的必要性，将 "法律另有规定" 作为例外，可谓在保护私权和保护公共利益二者间达到了良好的平衡点。

法律面前人人平等。在隐私权保护问题上，我们应当认识到，明星也是人，虽然公众人物隐私权有时会与公众知情权、舆论监督权产生价值冲突，但这并不妨碍娱乐明星具备完全的民事主体资格及作为一般民事主体享有完整的民事权利。他们的隐私权与普通大众的隐私权一样，应当且值得受到法律的保护。而《民法典》对于隐私权和个人信息的相关规定，则是平衡价值冲突、限制及保护明星隐私权的最佳手段。对于 "私生饭" 的极端行径，明星群体可以像小信一样，拿起法律武器保护自身合法权益；而对于粉丝及媒体来说，知法守法是理性追星的前提，喜爱偶像，请将理解和尊重放在首位！

《民法典》中的肖像权及名誉权

——随意使用他人肖像并捏造事实将承担法律责任

一天，小叶、小李两个老同学聚在一起，商量一起干一桩"大事"。

小叶当年曾有个当摄影师的梦，也是个文艺青年，无奈为生计所迫当了"狗仔"，现在是个三流公众号的写手，专门写一些明星豪门的轶事。小李是个正经杂志社的记者，只不过最近家里添了二宝，又换了套市中心的学区房，现在被房贷压得喘不过气来，这次小聚也是想趁此机会找老同学借点钱周转。

"我手上有猛料，咱俩一起干一票，绝对赚！"小叶掏出相机，给小李看了里面的照片。"哟，这这……这不是当红女明星肖玲玲吗！"一向老实的小李显然没见过这种"猛料"，话都有点说不清楚了。照片里，当红女星肖玲玲和一个年过六旬的老人举止颇为亲密，时而挽手并行，时而交头接耳。肖玲玲出道多年，广受欢迎，但一直没什么绯闻，家庭、感情状况等向来都秘而不宣。这些照片让小李大跌眼镜。

"怎么样，没骗你吧？"小叶得意地笑了。"你家不是刚换了房子吗？先用这组照片写篇独家报道吧！"

小李原本担忧这样的行为会违法，但一想到家里还有两个稚龄孩子和沉重的房贷，他便说服了自己，鼓足干劲写起了报道，还添油加醋加了一些贬低、辱骂肖玲玲的话语。

当天晚上，小李所在的杂志社发出了一篇名为《震惊！当红女星竟恋上六旬老翁》的报道，小叶的公众号予以转载；另外公众号还发表了一篇《一树梨花压海棠：肖玲玲公布新恋情》的文章，配上了准备好的那组照片，一小时内阅读量破十万。一时间，肖玲玲登上了各大媒体的头条，网络上对其口诛笔伐。

一个月后，两兄弟又聚在一起庆贺这次大赚一笔。然而，小李有点忧心忡忡："你说，我们这么干不会违法吧？我记得法律有些什么'肖像权''名誉权'之类的规定……"

 法条链接

《民法典》第一千零一十八条

自然人享有肖像权，有权依法制作、使用、公开或者许可他人使用自己的肖像。

肖像是通过影像、雕塑、绘画等方式在一定载体上所反映的特定自然人可以被识别的外部形象。

《民法典》第一千零二十四条

民事主体享有名誉权。任何组织或者个人不得以侮辱、诽谤等方式侵害他人的名誉权。

名誉是对民事主体的品德、声望、才能、信用等的社会评价。

话音未落，小叶的手机响了，把大家吓了一跳。"没事没事，我老婆打来的。"小叶笑呵呵地接起电话，神色却逐渐慌张了起来——原来，家里收到了肖玲玲告他的起诉状。没多久，小李和所在杂志社也收到了同样的起诉状。

"别慌别慌，我们有一万个理由对付她！等着瞧吧……"小叶暗暗咬牙。

然而，两个月后的法庭上，两人被打得落花流水。原来，那位老人不是什么秘密包养女明星的富豪，而是肖玲玲的亲生父亲！

原告律师搬出了《民法典》第一千零二十七条，指出小叶公众号的《一树梨花压海棠：肖玲玲公布新恋情》以肖玲玲为描述对象，虚构其私生活，具有侮辱诽谤性质，且未经许可公开使用了肖玲玲的肖像，侵害了肖玲玲的名誉权和肖像权。小叶在法庭上哑口无言。谁能想到，本以为抓住了明星把柄可以大赚一笔，结果只是人家父女俩享天伦之乐呢……

 法条链接

《民法典》第一千零二十七条

行为人发表的文学、艺术作品以真人真事或者特定人为描述对象，含有侮辱、诽谤内容，侵害他人名誉权的，受害人有权依法请求该行为人承担民事责任。

> 行为人发表的文学、艺术作品不以特定人为描述对象，仅其中的情节与该特定人的情况相似的，不承担民事责任。

小李倒是要起了小聪明，他提出自己是"为了公共利益实施新闻报道、舆论监督"。但对方律师针锋相对地指出其报道存在"捏造、歪曲事实"行为，而且报道中还有些侮辱性的言辞。对"肖玲玲与老人坠入爱河"这种明显可能引发争议、极有可能贬损受害人名誉且关乎公序良俗的内容并没有进行必要的调查就擅自发布。一番辩论下来，小李也节节败退。

 法条链接

《民法典》第一千零二十五条

行为人为公共利益实施新闻报道、舆论监督等行为，影响他人名誉的，不承担民事责任，但是有下列情形之一的除外：

（一）捏造、歪曲事实；

（二）对他人提供的严重失实内容未尽到合理核实义务；

（三）使用侮辱性言辞等贬损他人名誉。

《民法典》第一千零二十六条

认定行为人是否尽到前条第二项规定的合理核实义务，应当考虑下列因素：

（一）内容来源的可信度；

（二）对明显可能引发争议的内容是否进行了必要的调查；

（三）内容的时限性；

（四）内容与公序良俗的关联性；

（五）受害人名誉受贬损的可能性；

（六）核实能力和核实成本。

小叶、小李及杂志社最终被法院认定构成了侵权，要求其停止侵害，恢复名誉，消除影响，赔礼道歉，并赔偿损失。图删了，报道撤了，钱也赔了，小李还被杂志社领导劈头盖脸一顿痛骂，差点被扫地出门。小叶、小李这才认识到，想靠窃取他人隐私、侵犯他人肖像、贬损他人名誉的违法行径大发横财不过是春秋大梦。想致富，还得知法守法，踏踏实实走好脚下的路。

法条链接

《民法典》第一千零二十八条

民事主体有证据证明报刊、网络等媒体报道的内容失实，侵害其名誉权的，有权请求该媒体及时采取更正或者删除等必要措施。

律师说"典"

人格权独立成编是《民法典》的一大亮点。在《民法典》出台之前，公民人格权保护的依据主要是《民法总则》第一百一十条："自然人享有生命权、身体权、健康权、姓名权、肖像权、名誉权、荣誉权、隐私权、婚姻自主权等权利。法人、非法人组织享有名称权、名誉权、荣誉权等权利。"而司法实践中主要援引《民法通则》第一百条："公民享有肖像权，未经本人同意，不得以营利为目的使用公民的肖像。"以及第一百零一条："公民、法人享有名誉权，公民的人格尊严受法律保护，禁止用侮辱、诽谤等方式损害公民、法人的名誉。"来对公民的肖像权及名誉权进行保护。

从《民法通则》第一百条来看，行为人构成侵犯他人肖像权的条件被限缩在了"以营利为目的使用公民肖像"的范围内，导致被告常以行为系非营利性为由主张不构成侵权。由此可见，《民法典》之前，肖像权保护不仅可引的法律规范数量十分有限、范围受到限制，且相关规定的表述也较为含混，并未明确肖像权的内涵及侵权行为的认定。实践中也有许多组织或个人，并非出于营利目的，但确实实施了未经同意使用他人的肖像的行为，例如一些摄影爱好者偷拍他人肖像上传到相关论坛炫技等。而实际上，是否构成侵犯肖像权并不应当以是否以营利为目的为考察前提。《民法典》删去了"以营利为目的"的前提，避免肖像权保护范围被不当地缩小，同时也明确了肖像权的具体内涵，为肖像权侵权行为的认定提供了清晰、具体的指引，体现了对肖像权人合法权益的充分认可和保障。

除肖像权外，自然人、法人的名誉权保护之必要性也在《民法典》中得以彰显。武汉大学张红教授说："名誉权事关人之社会评价，系人的第二生命，属重要人格权之一种。"作为"第二生命"的名誉权，其保护在《民法典》中有了更为细致、具体的规定。首先，《民法典》对于"名誉"有了更为具体、直观的定义："名誉是对民事主体的品德、声望、才能、信用等的社会评价。"上述案例中，当红女明星肖玲玲作为公众人物，在社会上享有一定的声望，关于其品德和信用的信息将引起社会公众的广泛关注。而小叶、小李二人捏造、歪曲肖玲玲与老人恋爱的不实信息，并在网络上扩散，导致不实信息在社会上广泛传播，使得公众对肖玲玲社会评价降低，严重损害了其名誉权，理应承担相应的民事责任。其次，《民法典》首次划清了"舆论监督"与"名誉权保护"的界限，对于舆论监督权利的行使进行了依法约束。作为杂志社记者的小李，确实享有舆论监督的权利，其行使正常的舆论监督权是受到法律保护的，例如进行批评、控告、检举等。但行使监督权的同时，也要注意以《民法典》规定的三种限制情形为界限，不能滥用权利侵犯他人的合法权益。案例中，小李未核查照片真伪，故意捏造、歪曲事实，且使用了侮辱性言辞贬损肖玲玲的名誉，已经跨越了正常舆论监督范围，已构成以监督之名侵犯他人名誉权的事实。最后，《民法典》规定了人格权请求权的保护期限不适用诉讼时效的规定。名誉权系公民享有的绝对权利，名誉权侵权行为人理应不受诉讼时效限制地承担相应的责任。

人格权是为民事主体所固有而由法律直接赋予民事主体所享有的各种人身权利。《民法典》将人格权独立成编，并对具体种类的人格权保护加以明确规定和丰富，进一步体现了《民法典》对肖像权、名誉权等人格权保护的力度，彰显了立法者对于民事主体固有权利的尊重与保护，精准有力地回应了人格权保护在新的背景条件下所面临的各种挑战。相信在《民法典》时代，中国人格权保护将迈出历史性的一大步。

五、婚姻家庭编

出现裂缝的婚姻或许可以再挽救一下

——《民法典》中的离婚冷静期

这是一个冬天，小叶受够了妻子小柳易燃易爆的脾气，小柳也厌倦了丈夫小叶的空口说大话。爱情已是明日黄花，两人终究决定放下。

去民政局的路上，两人都没有说话。说好的幸福不见了，

> 30天的冷静期后，你会不会后悔，不离婚了呢？

民政局

最后的尊重还是要有的。既然这是两人最后一起走过的路，那就把回忆留在沉默的空气里吧。不论是好的、坏的，还是那些说不上是好的还是坏的过往，都已经无所谓了。

可是，他们失算了——因为这是2021年的冬天，是《民法典》实施后的第一个冬天。

"《民法典》新设了婚姻冷静期制度，30天内你们俩谁要是后悔不想离了，记得来撤回离婚申请。过了30天两位还是坚持要离的话，你们俩还要在30天内一起到场申领离婚证才可离婚。"工作人员专业且娴熟地解释。

"得多等30天才能来申请发证？还得我俩一起来？那不都到春天了？"小柳掰起了手指，她的数学基础并不好，学生时代是小叶教会了她各种各样的算术技巧。

"冬天都来了，春天还会远吗？"工作人员似乎也是个有故事的人，意味深长的话语只不过是当了多年见证者换来的阅历。

"都闹到这份上了，你让我们还怎么冷静！？"小叶曾经是个温柔似水的男人，可多年夫妻生活的摩擦，也慢慢磨去了他的耐心。

小柳扯了扯小叶的衣角："算了，回去等吧。"

两人悻悻地出了民政局的门，挥手告别，往不同的方向走了几步，又默契地同时停下脚步，望向对方，异口同声地问出了不知问过多少回的那句话——

"你，会后悔吗？"

法条链接

《民法典》第一千零七十七条

自婚姻登记机关收到离婚登记申请之日起三十日内，任何一方不愿意离婚的，可以向婚姻登记机关撤回离婚登记申请。

前款规定期限届满后三十日内，双方应当亲自到婚姻登记机关申请发给离婚证；未申请的，视为撤回离婚登记申请。

 律师说"典"

近年来，中国社会中"闪婚""闪离"现象十分普遍，离婚成了家常便饭，婚姻稳定度大不如从前。数据表明，近几年中国离婚登记数量持续增长，离婚率已持续多年攀升，新冠肺炎疫情期间各地离婚预约更是人满为患，需要久候等待。这与婚姻的初衷、婚姻立法的立意背道而驰，是我们绝对不愿看到的现象。

《民法典》实施前，中国是世界上离婚手续最简便、离婚最快捷的国家之一，这导致"早上离婚，下午后悔"的现象非常普遍。很多夫妻因为家长里短等琐碎小事冲动之下草率离婚，而"离婚冷静期"给夫妻协议离婚设下了两道门槛：

1. 30天内一方或双方都后悔了，去民政局撤回了离婚申请——不离；

2. 第一个30天内没人后悔，第二个30天内一方或双方没到场领证——不离；

3. 第一个30天内没人后悔，第二个30天内双方一起又去了民政局申请离婚证——离婚。

客观来说，"离婚冷静期"既可以挽救一部分夫妻的感情，从一定程度上提高婚姻稳定度、降低离婚率，也可以减轻民政部门的工作压力、节约行政资源。从立法目的上来看，"离婚冷静期"的初衷和目标是好的，而之所以这一规定会引起争议，主要是人们担忧离婚自由受限，以及对家庭暴力的恐惧。但这忧虑大可不必。首先，法律绝对捍卫每一位公民的离婚自由，但"保障离婚自由"与"反对冲动离婚"并不冲突。没有边界的自由是对自由的践踏，"离婚冷静期"本身就是结婚自由的防空港、离婚自由的停驻廊。其次，离婚分为协议离婚和诉讼离婚两种方式。而实践中，存在家暴的婚姻中施暴者一方往往不愿离婚，如果一方不同意离婚，又何来协议离婚一说呢？所以，协议离婚项下的"离婚冷静期"并不适用于家暴的情形。对家暴这种恶劣的违法行为，从无"冷静"一说。

十年修得同船渡，百年修得共枕眠。人海茫茫，觅得佳偶不易。两个30天内，冷静冷静，问问对方，也问问自己：

"你，会后悔吗？"

家庭义务、夫妻共同债务及财产转移

——离婚的过错方，将受到哪些惩罚？

　　"妈，您按时吃药，我明天再来看您。"小梁给病床上的婆婆盖好被子，洗干净用来带饭的保温桶，又匆匆奔向了下一个目的地——今天是学期末家长会，她得赶紧到学校去。

　　这些年，小梁活得很累。婚后共同买的房子房贷要还，而丈夫小苏非但不予分担，还沉迷赌博，屡教不改，最近更是越

陈律师，我丈夫欠下的赌债，从法律上来说我也要一起还吗？

请放心，这是你丈夫以个人名义欠下的，而且明显超出了家庭日常生活需要，既没花在你俩过日子上，也没花在你俩的生意上，你也不知情，算不上夫妻共同债务。

赌越大了。婆婆气得生病住院，小苏不闻不问，反倒自己这个儿媳妇整天忙前忙后，还要照顾孩子小强的衣食住行、学习生活。还好十岁的小强聪明懂事，让她少了很多烦恼。

接小强回到家，她已是疲惫不堪——丈夫小苏又约了一帮朋友在家打牌，瓜子壳和烟头遍地都是，乌烟瘴气熏得人眼痛。

"回来啦，快点去做饭，哥几个都饿死了！"小苏毫无顾忌地发号施令，全然不顾妻子脸上深深的憔悴。小梁的心里怒气腾腾，但考虑到孩子也还饿着，她只好不情愿地走进了厨房。

刚进厨房，小苏做贼般悄悄跟了进来，关上了门："老婆，最近手气不大好，在外面欠了点钱。""多少钱？""不多，二十万。""你背着我欠了这么多债？疯了吗？""不是……前两天玩了几把大的，都输了，今天本来想赢回来的……借条都签了。债主说了，要是我不还钱他会连你也一起告的，我们是夫妻，不分你我。"

"干吗呢小苏，就等你摸牌了！"听到牌友的催促，小苏赶紧又溜了回去。小梁忧心忡忡，她急忙拨通了陈律师的电话："陈律师，我丈夫欠下的赌债，从法律上来说我也要一起还吗？"陈律师告诉她："请放心，这是你丈夫以个人名义欠下的，而且明显超出了家庭日常生活需要，既没花在你俩过日子上，也没花在你俩的生意上，你也不知情，算不上夫妻共同债务。"听到陈律师的一番话，小梁这才放下心来。但想要摆脱小苏这个渣男的想法，已经在小梁的心中生根发芽……

法条链接

《民法典》第一千零六十四条

夫妻双方共同签名或者夫妻一方事后追认等共同意思表示所负的债务，以及夫妻一方在婚姻关系存续期间以个人名义为家庭日常生活需要所负的债务，属于夫妻共同债务。

夫妻一方在婚姻关系存续期间以个人名义超出家庭日常生活需要所负的债务，不属于夫妻共同债务；但是，债权人能够证明该债务用于夫妻共同生活、共同生产经营或者基于夫妻双方共同意思表示的除外。

"老婆，我那件衬衫今晚帮我洗好熨好，明天要穿。"吃完饭的小苏，懒洋洋地躺在沙发上玩起了手机，顺便下了指示。

"你使唤保姆呢？衬衫自己不会洗吗？"

"我一大男人洗衣服，像话吗？女人不就该做家务吗？谁家不是这样！"

在这一刻，小梁受够了。她看着满桌杯盘狼藉、遍地垃圾、塞满洗衣机的脏衣服以及无所事事的丈夫，突然不明白自己一直以来的操劳、隐忍都是为了什么。她也是爸妈的宝贝女儿，曾经也是被当成公主宠着的掌上明珠，如果婚姻带给她的只有现在这样的憔悴，那还不如一个人生活。

"我们离婚吧。"

"好啊，离就离，你去起诉呗。"在家里强势惯了的小苏并不怕妻子的威胁，反倒火上浇油："男人离婚是块宝，反正离了婚我也不亏！"

法庭上，小梁在律师的帮助下，一改往日的隐忍，变得锋芒毕露。

除了分割夫妻共有房产外，双方都想争夺小强的抚养权。小梁另外提出，她这些年抚育子女、照料老人等负担了较多义务，因此要求小苏予以补偿。小苏对此大光其火，一口拒绝，还主张分割夫妻共同债务，除了之前和小梁提过的二十万债务，小苏还变出几份借款合同，总债务高达八十万元。

经过双方充分举证及多次激烈的辩论，最终法院认定双方夫妻感情破裂，判决离婚。还认定小梁付出更多家庭义务，判令小苏对小梁给予补偿；此外，查明小苏所谓的二十万债务属于赌债，不受法律支持，余下的六十万属于小苏与他人伪造的债务，因此驳回其要求分割债务的诉请。同时，因为小苏在离婚时存在伪造债务、转移财产的行为，法院判令夫妻共同财产按小梁占70%、小苏占30%的比例分配。关于小强的抚养权问题，法官询问了小强的意见后，判决由小梁抚养，小苏每月支付抚养费二千元至小强十八周岁止。

 **法条链接**

《民法典》第一千零七十九条

夫妻一方要求离婚的，可以由有关组织进行调解或者直接向人民法院提起离婚诉讼。

人民法院审理离婚案件，应当进行调解；如果感情确已破裂，调解无效的，应当准予离婚。

有下列情形之一，调解无效的，应当准予离婚：

（一）重婚或者与他人同居；

（二）实施家庭暴力或者虐待、遗弃家庭成员；

（三）有赌博、吸毒等恶习屡教不改；

（四）因感情不和分居满二年；

（五）其他导致夫妻感情破裂的情形。

一方被宣告失踪，另一方提起离婚诉讼的，应当准予离婚。

经人民法院判决不准离婚后，双方又分居满一年，一方再次提起离婚诉讼的，应当准予离婚。

《民法典》第一千零八十八条

夫妻一方因抚育子女、照料老年人、协助另一方工作等负担较多义务的，离婚时有权向另一方请求补偿，另一方应当给予补偿。具体办法由双方协议；协议不成的，由人民法院判决。

《民法典》第一千零八十四条

父母与子女间的关系，不因父母离婚而消除。离婚后，子女无论由父或者母直接抚养，仍是父母双方的子女。

离婚后，父母对于子女仍有抚养、教育、保护的权利和义务。

离婚后，不满两周岁的子女，以由母亲直接抚养为原则。已满两周岁的子女，父母双方对抚养问题协议不成的，由人民法院根据双方的具体情况，按照最有利于未成年子女的原则判决。子女已满八周岁的，应当尊重其真实意愿。

《民法典》第一千零八十五条

离婚后，子女由一方直接抚养的，另一方应当负担部分或者全部抚养费。负担费用的多少和期限的长短，由双方协议；协议不成的，由人民法院判决。

前款规定的协议或者判决，不妨碍子女在必要时向父母任何一方提出超过协议或者判决原定数额的合理要求。

《民法典》第一千零九十二条

夫妻一方隐藏、转移、变卖、毁损、挥霍夫妻共同财产，或者伪造夫妻共同债务企图侵占另一方财产的，在离婚分割夫妻共同财产时，对该方可以少分或

> 者不分。离婚后，另一方发现有上述行为的，可以向人民法院提起诉讼，请求再次分割夫妻共同财产。

　　拿到判决的那一刻，小梁恍若新生，长舒了一口气。而小苏也通过这场官司深刻认识到了自己身上的毛病，发誓一定痛改前非。

律师说"典"

　　离婚诉讼中，往往关注几个问题：1. 是否判决离婚？2. 离婚后子女的抚养权、抚养费、探视权如何确定？3. 共同财产如何分割？4. 是否存在共同债务？如何承担？关于以上问题，《民法典》都做了较为详尽的规定。

一、负担家庭义务较多的一方有获得离婚补偿的权利

　　传统的家庭观认为"女主内、男主外"，丈夫在外赚钱养家，而妻子就应当承担更多的家庭义务，就应该烧饭洗衣带孩子。随着女性知识水平和社会地位的提高，这一传统的家庭观念已经不再适应当代的家庭现状，对男女双方不合理的家庭义务分配也饱受诟病。

　　原《婚姻法》第四十条规定："夫妻书面约定婚姻关系存

续期间所得的财产归各自所有，一方因抚育子女、照料老人、协助另一方工作等付出较多义务的，离婚时有权向另一方请求补偿，另一方应当予以补偿。"在旧的法律规定下，多负担家庭义务一方获得离婚补偿的情形仅限于夫妻分别财产制下。也就是说，如果夫妻在婚后没有签订"婚内协议"，约定各自名下财产归各自所有，付出较多家庭义务的一方在离婚时便无权主张赔偿。

无论是从当时还是从现在的角度看，普通家庭是否有必要存在"婚内协议"确实值得探讨。首先，贡献家庭义务带来的离婚补偿与何种夫妻财产制并无实质性的联系。夫妻分别财产制就可以获得家务补偿，而共同财产制下就不能获得家务补偿，这样的区分实属牵强。更为重要的是，在中国的主流婚姻价值观下，夫妻一体，不分你我，很少有夫妻会平白无故地签"婚内协议"。感情好的时候签，会影响感情；感情不好的时候又不可能签。这也导致实践中很少有签"婚内协议"以约定多负担家庭义务一方可以获得离婚补偿的，从而难以凸显家庭劳动的价值。

《民法典》第一千零八十八条删去了"夫妻书面约定婚姻关系存续期间所得的财产归各自所有"的前提。本案例中的小梁为抚育子女、照料老人负担了较多义务的一方，不论夫妻财产制如何均可在离婚时请求补偿。这一规定革除了原《婚姻法》第四十条的弊端，也充分彰显了立法者对家庭劳动的价值的肯定。婚姻家庭的幸福靠夫妻共同创造，家庭义务需要双方共同分担。夫妻任何一方都不应该被当成家庭的免费劳动者。

二、《民法典》将伪造夫妻共同债务和一方转移财产的惩罚提高了立法层级

　　首先，在夫妻共同债务方面，原《婚姻法》第四十一条规定："离婚时，原为夫妻共同生活所负的债务，应当共同偿还。共同财产不足清偿的，或财产归各自所有的，由双方协议清偿；协议不成时，由人民法院判决。"《最高人民法院关于适用〈中华人民共和国婚姻法〉若干问题的解释（二）》及其补充规定中的第二十四条规定："债权人就婚姻关系存续期间夫妻一方以个人名义所负债务主张权利的，应当按夫妻共同债务处理。但夫妻一方能够证明债权人与债务人明确约定为个人债务，或者能够证明属于婚姻法第十九条第三款规定情形的除外。夫妻一方与第三人串通，虚构债务，第三人主张权利的，人民法院不予支持。夫妻一方在从事赌博、吸毒等违法犯罪活动中所负债务，第三人主张权利的，人民法院不予支持。"根据上述规定，夫妻一方负债无论是什么债务，在没有特别约定的情况下，一般都会被推定为夫妻共同债务，而且须由债务人对"不是共同债务"进行举证。

　　《民法典》将《最高人民法院关于审理涉及夫妻债务纠纷案件适用法律有关问题的解释》中的相关内容写入，对上述规定做了变更，由债权人对"夫妻一方以个人名义所负债务是夫妻共同债务"进行举证证明。如此一来，便防范了夫妻一方串通第三人损害另一方利益，更避免了夫妻一方在不知情、未受益的情况下"被负债"的风险，保障了未举债一方的知情权、

同意权。

需要注意的是，虽然夫妻一方转移财产将面临"少分或不分"财产的惩罚，但对其转移行为的调查取证十分重要。此外，要证明另一半存在财产转移行为，也可以通过委托律师申请律师调查令到银行查询对方的转账记录。

三、离婚时子女的抚养权如何确定

除此之外，子女的抚养权，往往是夫妻离婚诉讼中的争夺焦点。抚养权的归属到底谁的意愿最重要？《民法典》给出了明确答案。

《民法典》第一千零八十四条规定，已满两周岁的子女，父母双方对抚养问题协议不成的，由人民法院根据双方的具体情况，按照最有利于未成年子女的原则判决。同时，《民法典》还规定了抚养权归属应尊重年满八周岁子女的真实意愿。根据《最高人民法院关于人民法院审理离婚案件处理子女抚养问题的若干具体意见》（以下称《具体意见》），该年龄原本为十周岁。作出这一变化的原因是《民法总则》将限制民事行为能力人的年龄从十周岁降到了八周岁。《民法典》顺应了这一变化，在判定抚养权归属时尊重未成年子女的意愿，将照顾子女原则落到实处，更为合理地确定抚养权的认定标准，也更有利于保护未成年子女的身心健康。

根据《具体意见》，抚养费的标准是月工资收入的20%~30%。这就要求抚养方对非抚养方的工资收入进行举证。但在司法实务当中，正如上面的案例一样，法院也会根据当地的生活水平酌定抚养费。关于离婚后子女的探视权，以双方自行协商为主，双方可以对探望时间、探望地点和探望方式进行约定。如果协商不成的话，可以请求法院判决。

就上述各条文来看，《民法典》充分体现了立法者对婚姻家庭传统价值和时代价值的关注和考量。对"家庭义务"的修改，是对家庭生活中劳动付出的充分肯定，同时也引导着人们建立男女平等、尊老爱幼的和谐家庭。而对夫妻共同债务及财产转移惩罚的相关规定，则体现了在法定情形下对夫妻人身权和财产权的分别保护，以更合理的方式进一步保障了无过错方的财产权益。

收养如何成为现实

——《民法典》中的"最有利于被收养人原则"

"爸爸妈妈，为什么我没有弟弟妹妹陪我玩呢？"

小李、小田夫妇工作极为忙碌，没太多时间陪护儿子小亮，很多时候小亮只能在家里一个人玩玩具，看着孩子孤独的眼神，他们心里都很不是滋味。

小两口都很喜欢孩子。当年，国家放开二胎政策，周围的

朋友都跟紧国家脚步生了二胎，而小田生小亮时大出血，丢了半条命，医生说怀第二胎的可能性几乎为零……夫妻二人是想给小亮添个弟弟或者妹妹的，只是无奈小田的身体条件不允许，让小亮成了孤独的一代。

"没有弟弟妹妹，哥哥姐姐也行呀！"小亮又充满期盼地说。

童言无忌的话却点醒了小田。前段时间，小田听母亲说老家有个远方亲戚老方一直患病在床，家里一点积蓄为治病基本掏空了，求借无门。孩子小方聪明伶俐也很有孝心，但老方担心自己的病拖累孩子，在物色可以收养他的家庭。小田想，或许让小方加入这个温暖的家庭是个不错的选择。

小田跟丈夫小李说了自己的想法，小李表示赞同。小田随即拨通了陈律师的电话将自身情况如实告知，咨询是否可以收养。陈律师答复："你们两位都年满三十周岁，没违法犯罪记录，未患有不应当收养子女的疾病，有抚养能力，而且只有一个孩子，是符合《民法典》规定的收养条件的。不过你得跟我说说这孩子是个什么情况。"

 法条链接

《民法典》第一千零九十八条

收养人应当同时具备下列条件：

（一）无子女或者只有一名子女；

（二）有抚养、教育和保护被收养人的能力；

（三）未患有在医学上认为不应当收养子女的疾病；

（四）无不利于被收养人健康成长的违法犯罪记录；

（五）年满三十周岁。

《民法典》第一千一百条

无子女的收养人可以收养两名子女；有子女的收养人只能收养一名子女。

收养孤儿、残疾未成年人或者儿童福利机构抚养的查找不到生父母的未成年人，可以不受前款和本法第一千零九十八条第一项规定的限制。

小田又把小方的情况告诉了陈律师。陈律师告诉她，像小方这样的孩子属于生父母有特殊困难无力抚养的未成年子女，是可以被收养的。

"不过，小方已经10岁，即使他亲属同意，你们还是得去征求好小方本人的意见。"陈律师最后嘱咐小田。

法条链接

《民法典》第一千零九十三条

下列未成年人，可以被收养：

（一）丧失父母的孤儿；

（二）查找不到生父母的未成年人；

（三）生父母有特殊困难无力抚养的子女。

《民法典》第一千一百零四条

收养人收养与送养人送养，应当双方自愿。收养八周岁以上未成年人的，应当征得被收养人的同意。

　　小李夫妇择日回到老家去看望了老方父子，并提出了收养小方的意愿。

　　"我这药袋子，孩子跟着我非但没什么好处，反倒尽是吃苦了。咱们都是老乡，知根知底的，孩子交给你们我也放心。"老方对小李夫妇的情况也比较了解，虽老泪纵横，还是同意了送养小方。懂事的小方看着叔叔阿姨不哭也不闹，他知道自己如果跟着叔叔阿姨，就能让爸爸少为自己操心、安心养病。于是老方与小李夫妇签署了收养协议。一番收拾后，小李夫妇带着小方，告别了老方。

《民法典》第一千零九十四条

下列个人、组织可以作送养人：

（一）孤儿的监护人；

（二）儿童福利机构；

（三）有特殊困难无力抚养子女的生父母。

"小亮，你有哥哥啦！"小李小田两夫妇履行完了陈律师嘱咐的民政登记手续，为小方办理了户口登记等事宜，终于使得小方正式成为了家里的一份子。一家四口的家庭从此多了很多欢声笑语……

《民法典》第一千一百零五条

收养应当向县级以上人民政府民政部门登记。收养关系自登记之日起成立。

收养查找不到生父母的未成年人的，办理登记的民政部门应当在登记前予以公告。

收养关系当事人愿意签订收养协议的，可以签订收养协议。

收养关系当事人各方或者一方要求办理收养公证的，应当办理收养公证。

县级以上人民政府民政部门应当依法进行收养评估。

《民法典》第一千一百零六条

收养关系成立后，公安机关应当按照国家有关规定为被收养人办理户口登记。

 ## 律师说"典"

保障被收养人的合法权益，是《民法典》婚姻家庭编关注的重点之一。作为让弱势儿童回归家庭的一种方式，收养具有保护儿童、稳定家庭、和谐社会的功能。随着社会观念的变化，许多人终生不婚不育，也有的家庭因为种种原因无法孕育后代，随之而来的是部分群体领养子女的热情高涨，收养率逐年升高。在这样的背景下，被收养人的身心健康和权益如何得到有效保护，亟须法律给出答案。

《收养法》第四条规定："下列不满十四周岁的未成年人可以被收养：（一）丧失父母的孤儿；（二）查找不到生父母的弃婴和儿童；（三）生父母有特殊困难无力抚养的子女。"根据《收养法》规定，14到18周岁的孩子无法被收养。但从实际情况考虑，14到18周岁的儿童并没有劳动能力。而如若

14到18周岁的孩子失去双亲或者父母有特殊困难无力抚养子女，法律又将该年龄段的孩子排除在被收养的范围外，则对于保护其权益十分不利。《民法典》中《收养》一章的第一个重大修改就是改变了被收养人的条件，取消了"14周岁以下"的门槛，扩大了收养的条件，使得所有的未成年人都可以被收养，这有利于保护被收养人的权益，促进未成年人的健康成长。

《民法典》的《收养》一章中，体现"最有利于被收养人原则"的规定还有在收养人应当具备的条件中新增了"无不利于被收养人健康成长的违法犯罪记录"。如果作为收养人的父母有违法犯罪的前科，则一方面很有可能会存在着对被收养人不利的倾向，例如暴力侵害，另一方面也可能会对被收养人带来不好的影响。《民法典》专门把无犯罪记录作为收养人需符合的条件，是体现保护被收养人原则的具体制度之一。除此之外，《民法典》还设定了收养异性子女年龄差，即无配偶者收养异性子女，年龄差应在四十周岁以上。

除了扩大被收养人的范围之外，收养人的门槛也有所降低。《收养法》第六条规定："收养人应当同时具备下列条件：（一）无子女；（二）有抚养教育被收养人的能力；（三）未患有在医学上认为不应当收养子女的疾病；（四）年满三十周岁。"而《民法典》中收养人应当具备的条件从"无子女"修改为了"已有一名子女的收养人也可收养"。收养人数的限制从"只能收养一名子女"修改为"无子女的收养人可以收养两名子女，有一名子女的收养人只能收养一名子女"。

这充分体现了《民法典》对收养行为价值的认可，收养行为作为一种善举，对未成年人、部分家庭和整个社会都有着积极作用，不应当被施加过多的限制，只要收养人有善心、有能力、无不良情况，就应当允许其收养子女。从整体看，收养人的条件正处于逐渐放宽的趋势。

微信扫码，加入【本书话题交流群】
与同读本书的读者，讨论本书相关话题，交流阅读心得

六、继承编

遗产如何代位继承
—— 《民法典》中代位继承制度的适用

　　范娟和范婷是一对感情要好的双胞胎姐妹，姐姐范娟早年丧偶，膝下无子女，也没有再次成立家庭。范家父母怜惜范娟，担心她年老后无人照顾、流离失所，便订立遗嘱，由范娟继承他们名下一套位于市中心的房子。

　　范家父母终老后，范娟一个人居住在市中心的房子里。妹妹范婷担心姐姐感到孤独，经常带着女儿小慧一起去看望范娟，给范娟购买生活必需品，陪她吃饭、聊天。但不幸的是，范婷在75岁那年罹患癌症去世。范娟继失去丈夫、父母之后，又失去了亲爱的妹妹，这对范娟而言无疑是一个巨大的打击，让她倍感孤独。尽管小慧依旧像往常一样经常去看望姨妈范娟，但范娟终究因为遭受的精神打击太大，不久就去世了。

范娟去世后，留下了这套市中心的房子。因为范娟生前没有订立遗嘱，且没有配偶、父母、子女等第一顺位继承人可以继承她的遗产，而作为第二顺位继承人的范婷又比范娟先一步离开人世，因此，小慧面对这套房子，不知道它属于谁，也不知道该如何处理。

于是，小慧向在大学法学院教书的好朋友杨老师请教这个问题。杨老师了解基本情况之后告诉小慧，根据《民法典》继承编的相关规定，小慧是代位继承人，现在应该由小慧来代替其母亲范婷继承范娟位于市中心的这套房子。

法条链接

《民法典》第一千一百二十八条

被继承人的子女先于被继承人死亡的，由被继承人的子女的直系晚辈血亲代位继承。

被继承人的兄弟姐妹先于被继承人死亡的，由被继承人的兄弟姐妹的子女代位继承。

代位继承人一般只能继承被代位继承人有权继承的遗产份额。

律师说"典"

　　1982年，计划生育被定为中国的基本国策。计划生育的实施为中国的人口问题和发展问题发挥了积极作用，但其也带来了人口老龄化问题。现阶段，中国独生子女家庭数量庞大，因为各种意外情况而失去独生子女的家庭数量也与日俱增。因此便引发一个问题：失独家庭的财富应该如何传承？

　　《民法典》为了回应因生育率下降、失独家庭和丁克家庭（指无子女的家庭）等增多而带来的家族财富传承问题，在保持《中华人民共和国继承法》法定继承人范围和顺序的基础上，扩大了代位继承制度的适用范围，即被继承人的兄弟姐妹的子女也享有代位继承的权利，例如本案中小慧作为范娟的外甥女，就享有代位继承的权利。其适用的前提条件是：第一，被继承人未订立有效遗嘱；第二，被继承人的第一顺序继承人，即配偶、子女、父母均无法进行继承；第三，被继承人的兄弟姐妹比被继承人先去世。

　　《民法典》对代位继承制度适用范围的扩大，打开了被继承人与侄、甥之间的家族财富传承通道，将更多家庭成员纳入继承人的范围，避免被继承人的遗产因无人继承而收归国家或集体组织所有。代位继承制度的修改更加符合普通民众的心理期待，因为大部分民众希望自己努力了一辈子所积累的财富在逝世时可以在家族内部进行传承，而不是落入他人之手，这也是国家保障私权利的一个重要体现。

公证遗嘱的效力还有优先性吗？

——《民法典》中关于遗嘱变更的新规定

李伯在妻子去世之后，悲伤成疾，身体每况愈下，于是他决定到当地公证处办理遗嘱，提前安排好身后事，避免将来去世之后两个儿子因为继承问题产生矛盾。

李伯名下有一套市值两百万元的房屋和存款五十万元，根据当地的习俗，他在遗嘱中载明把房子留给大儿子阿聪，把存款留给小儿子阿明。并把这个决定告诉两个儿子。大儿子阿聪

表面冷静，内心窃喜，而小儿子阿明则表示房子和存款都是父亲的财产，他尊重父亲的决定。

订立公证遗嘱后的第三年，李伯不慎跌伤，行动不便，身体情况急转直下，不得不到医院疗养。住院期间，阿明每天一有空就在医院照顾李伯，李伯觉得阿明太劳累了，于是几次打电话给大儿子阿聪让他过来医院搭把手。但阿聪都以各种理由推脱，要么是天气太热不宜出门，要么自己身体不舒服，要么需要留在家里照顾孩子，要么说自己笨手笨脚，去医院只会添乱。自李伯住院以来，阿聪一次也没有去看望、照顾过李伯。

随着时间的流逝，李伯对从未露面的大儿子越来越失望。他认为，大儿子没有尽到赡养的义务，对生病的父亲不管不顾。反观小儿子极有孝心，一直为自己忙前忙后。李伯决定要变更之前公证遗嘱的内容，把自己的房子也留给小儿子，但由于行动不便，无法到公证处办理遗嘱修改事宜，为此烦恼不已。

有一天，护士来巡房。李伯在和护士闲聊时，谈到了想变更遗嘱的事情。护士跟李伯说："不用再去到公证处那么麻烦，《民法典》已经改过规定啦。您呀，只要找两个见证人，就可以在病房重新订立一份新的遗嘱。可以手写、可以打印，也可以录像，形式很多，看您方便！不管有没有经过公证，遗嘱的内容都以您最后立的这一份为准。"

法条链接

《民法典》第一千一百四十二条

遗嘱人可以撤回、变更自己所立的遗嘱。

立遗嘱后,遗嘱人实施与遗嘱内容相反的民事法律行为的,视为对遗嘱相关内容的撤回。

立有数份遗嘱,内容相抵触的,以最后的遗嘱为准。

律师说"典"

《继承法》第二十条第三款规定:"自书、代书、录音、口头遗嘱,不得撤销、变更公证遗嘱。"《最高人民法院关于贯彻执行〈中华人民共和国继承法〉若干问题的意见》第四十二条规定:"遗嘱人以不同形式立有数份内容相抵触的遗嘱,其中有公证遗嘱的,以最后所立公证遗嘱为准;没有公证遗嘱的,以最后所立的遗嘱为准。"简而言之,公证遗嘱效力优先。依据以上规定,一直以来公证遗嘱都有优先性。

但是,在《民法典》中未继续保留《继承法》及其司法解释关于"公证遗嘱效力优先"的制度。根据《民法典》第一千一百四十二条规定,立有内容相抵触的数份遗嘱,以最后一份遗嘱为准,哪怕最后一份遗嘱并不是以公证形式订立的。也就是说,遗嘱效力的判断标准为立遗嘱人最后的真实意思表示。

《民法典》关于遗嘱效力规定的调整，究其根本原因，是为了最大限度地保障立遗嘱人的权利。立遗嘱人因为卧病在床、行动不便，或受其他不可控因素影响而无法前往公证处以公证形式变更之前订立的公证遗嘱，导致其真实意愿无法实现的情况，在《民法典》实施之后将大幅减少。立遗嘱人可随时随地，以最便利于其的形式，变更、撤销其之前订立的遗嘱。

但是，这是否意味着，《民法典》实施之后，公证遗嘱的地位大大降低了呢？民众是否没有必要再通过公证形式订立遗嘱呢？答案其实是否定的。公证遗嘱相较于其他形式的遗嘱，依然有巨大的优势。

首先，公证机构是依法设立，不以营利为目的，依法独立行使公证职能、承担民事责任的证明机构。遗嘱公证是公证机构按法定程序证明遗嘱人设立遗嘱行为真实、合法的活动。经公证证明的遗嘱是公证遗嘱。《中华人民共和国民事诉讼法》第六十九条规定："经过法定程序公证证明的法律事实和文书，人民法院应当作为认定事实的根据，但有相反证据足以推翻公证证明的除外。"当立遗嘱人去世后，遗嘱内容发生纠纷时，在没有相反证据推翻的情况下，持有公证遗嘱的一方无须证明公证遗嘱的真实性、法定性。因为，经过公证的遗嘱可以直接作为人民法院认定事实的依据。

其次，反观其他遗嘱形式，在遗嘱内容发生纠纷时，持有遗嘱一方需要举证证明该遗嘱的真实性、合法性。但由于其他形式的遗嘱在订立时具有比较大的随意性，其订立程序是否合法、内容是否有效、订立时间如何认定、笔迹是否为立遗嘱人的笔迹等均存在较大的不确定性。可见，公证遗嘱相比其他形式的遗嘱仍具有显著的优势，公证遗嘱实际上并不会因为不再具有效力优先的优势而失去其本身的意义。

据此，为减少纠纷和不必要的麻烦，立遗嘱人如果条件许可还是应通过公证机构对遗嘱进行公证为首选。即使要对公证遗嘱进行变更，立遗嘱人同样应通过公证机构变更为宜，避免因遗嘱的真实性、合法性和关联性存疑而引发矛盾。公证遗嘱可有效地避免身后因遗产被继承问题而产生纠纷。

用手机拍个视频能立遗嘱吗？

——《民法典》中订立遗嘱的新形式

　　凌晨一点钟，开餐馆的陈伯终于招待完最后一位来吃宵夜的顾客，他打了个哈欠，顶着困意，收工回家。

　　最近正值梅雨季节，雨水多，陈伯回家的时候不巧正赶上一场雨，浑身湿透。快要到达住处的时候，由于身心疲惫，加上夜里视线不佳，陈伯在一处积水的地方打滑，重重摔倒在地。小区值班的保安见状，急忙拨打120，将陈伯送到医院。医生对陈伯的身体进行全面检查，除了摔倒时用右手支撑地面导致右手骨折外，无其他大碍。

　　陈伯摔倒后，心有余悸。他认为，自己年事已高，说不准什么时候就会突发意外。因为他们生活的地方重男轻女思想仍比较严重，担心儿子和女儿以后会因为遗产继承问题产生纠纷，陈伯想先订立一份遗嘱，对自己的财产做安排。

　　但是，陈伯又犯了难，他的右手骨折了，长时间内都写不了字，那遗嘱该如何订立呢？

　　周末，陈伯的女儿在帮陈伯打扫卫生时，陈伯的好朋友李伯前来探望。在聊天的时候，陈伯向李伯提起订立遗嘱的事情，问他有没有什么想法。

李伯提议："现在手机录视频那么普遍，你要不要试试让你女儿帮你拍个视频，你就直接在视频里把你的遗嘱内容说出来，简单省事！"

陈伯有点疑惑："直接拍视频就可以立遗嘱吗？这样的遗嘱算数吗？我怎么感觉有点草率。"

"当然可以啦，再找两个人来见证就行。"

陈伯犹豫了一会儿，说："行，那就试试吧！"

陈伯的女儿拿起手机，准备帮陈伯录像。这时，李伯拍了拍脑门，说："哎呀，还不行，现在屋子里只有我们仨，你女儿是你的继承人，我们还要再找一个和遗嘱内容没有利益关系的成人，还得是精神健全的。"

陈伯的女儿便到邻居家敲门，说明来意之后，邻居家的王大妈夫妇觉得这事儿真稀奇，以前只听过手写遗嘱，还没有见过人录视频立遗嘱的。于是，王大妈夫妇带着好奇心到陈伯家做录像遗嘱见证人。

在录像中，陈伯、李伯、王大妈夫妇四个人一起出镜。"主角"陈伯先表明身份和时间，后陈述遗嘱内容，再由李伯等三人表明身份和时间。一整份遗嘱录下来，总共用了不到二十分钟。

结束时，王大妈十分惊讶，连连感叹："这也太方便太潮了吧！我要回去琢磨一下自己的遗嘱内容，也录像立一份！"

法条链接

《民法典》第一千一百三十七条

以录音录像形式立的遗嘱，应当有两个以上见证人在场见证。遗嘱人和见证人应当在录音录像中记录其姓名或者肖像，以及年、月、日。

《民法典》第一千一百四十条

下列人员不能作为遗嘱见证人：

（一）无民事行为能力人、限制民事行为能力人以及其他不具有见证能力的人；

（二）继承人、受遗赠人；

（三）与继承人、受遗赠人有利害关系的人。

律师说"典"

继承、遗产这些身后事，随着时代的发展已经成为大多数人的身前事。过去，人们忌讳谈及死亡，因此也不想订立遗嘱，觉得这是不吉利的；现在，随着时代的变迁及思想观念的进步，越来越多的人坦然面对死亡，直面关于死亡的话题。其中，遗嘱是人们谈及死亡时，最关注的问题之一。导致这种现象的原因在于：其一，民众积累的财产数量、类型越来越多，越来越复杂；其二，继承人之间因继承纠纷而反目成仇的事例越来越多；其三，我们永远不知道明天和意外哪个先来。不少人认为，事先订立遗嘱，厘清财产，明确分配方案，对于被继承人和继承人而言，都是好的。

关于订立遗嘱的形式，1985年颁布实施的《中华人民共和国继承法》规定了自书遗嘱、代书遗嘱、口头遗嘱、公证遗嘱等形式。《民法典》在前述形式的基础上，增加了打印遗嘱和录音录像遗嘱的形式。打印遗嘱和录音录像遗嘱形式的法定化，极大地便利了民众。一方面，打印和录音录像在当今社会是普遍的存在。当民众想要订立遗嘱时，只要他身上带着手机等摄录设备，就能在两名以上见证人的见证下，随时随地订立遗嘱；另一方面，对于年事已高、行动不便的老年人而言，打印和录音录像的形式，不再受到距离和出行的限制，更加便利他们订立遗嘱。《民法典》新增的订立遗嘱的形式，尤其是录音录像遗嘱，打破了时间、空间的限制。新的形式在让遗嘱的订立更加便利的同时，有利于鼓励民众通过订立遗嘱，有效地避免因没有立遗嘱而导致继承纠纷产生的争议。而这也对构建和谐社会，维护经济社会的健康、稳定、良性发展具有重要意义。

养儿防老之外的新选择

——《民法典》中遗赠扶养协议的新内容

"你这个死老头子，我告诉你，你今天要是不给我钱，信不信我打死你！"阿豹一边大声怒吼着，一边将自己的父亲老林推倒在地，接下来便是一顿拳打脚踢，六十多岁的老林在阿豹的暴打下昏了过去。

阿豹的父亲老林是一家小有规模的制衣厂的老板，制衣厂是老林夫妇两人多年前从街边一家小小缝纫店慢慢做起来的。因为早年生活艰苦，阿豹的母亲落下一身的病痛，在阿豹五岁

的时候就去世了。为了把一切最好的都给阿豹，老林不但没有再娶，还把所有时间和精力都投入到制衣厂的生意上。因为生意忙，只能聘请保姆来照顾阿豹。

可惜的是，阿豹游手好闲，出手阔绰，身边从来不乏"好兄弟"。在这些"好兄弟"的"陪伴"下，除了网吧，阿豹经常进出酒吧、KTV等娱乐场所，还学会了抽烟喝酒，这些"好兄弟"还多次教唆阿豹吸食毒品，最终阿豹还是抵不住诱惑染上了毒瘾。没过多久，老林发现阿豹吸毒，但心里想到阿豹是自己唯一的儿子，从小缺乏母爱，自己又忙于工作对他疏于照顾，对阿豹怀有愧疚，最终只是狠狠地批评了他一顿，把他关在家闭门思过一个月。

好景不长，阿豹仍继续和那些狐朋狗友混在一起，非但不思过，还变本加厉，隔几天就回家向老林索要钱财，从几百到几千，从几千到几万。老林是有苦难言，痛苦不堪。而毒品已经泯灭了阿豹的人性，要是拒绝给钱，阿豹轻则破口大骂，重则对老林拳打脚踢。阿豹最后一次在厂里把父亲老林殴打昏迷时，厂里员工都义愤填膺，当即报警，阿豹被警察带走，最后被送往戒毒所强制戒毒，老林被送进医院急救，住院了好一段时间。因缺乏管理，制衣厂濒临倒闭。

出院两周后，心灰意冷的老林为了防止自己辛苦多年打拼下来的制衣厂被阿豹败光，决定与本地某养老机构签订遗赠抚养协议，约定由该养老机构承担老林生养死葬的义务，以保障老林晚年生活能够安逸度过。老林逝世后，养老机构根据该遗赠抚养协议享有受遗赠的权利。

法条链接

《民法典》第一千一百五十八条

自然人可以与继承人以外的组织或者个人签订遗赠扶养协议。按照协议，该组织或者个人承担该自然人生养死葬的义务，享有受遗赠的权利。

法条释义

遗赠扶养协议，是指遗赠人与扶养人之间订立的关于扶养人承担遗赠人的生养死葬义务，遗赠人的财产在其死后归属扶养人所有的协议。

遗赠扶养协议书是双务、有偿的法律行为，双方当事人的权利义务具有对应性。只有扶养人在协议生效之日起承担了遗赠人生养死葬的义务，才享有接受遗赠的权利。

遗赠人除了可以与继承人签订遗赠抚养协议以外，还可以与组织或者个人签订。《民法典》在此扩大了遗赠扶养人的范围，例如除了继承人以外的亲友、养老机构、公益组织等也可以成为遗赠扶养人。

律师说"典"

根据国家统计局2019年发布的新中国成立70周年经济社会发展成就系列报告之二十显示："2018年，我国65岁及以上人口比重达到11.9%，0—14岁人口占比降至16.9%，人口老龄化程度持续加深……是进入新时代人口发展面临的重要风险和挑战。"在众多老年人里面，存在不少失独家庭老人、空巢老人、孤寡老人等。以广州为例，2018年广州市有孤寡老人1.49万人，独居老人3.26万人，空巢老人6.26万人，养老、医疗、无人送终都成为他们最大的难题和焦虑。

以失独家庭为例，有一批父母在20世纪八九十年代赶上了独生子女政策，部分家庭不幸遭遇唯一的子女离世，除了面对"白发人送黑发人"的丧子之痛以外，还不得不面对医疗、养老、送终的问题。

尽管《继承法》第三十一条对遗赠扶养协议有所规定，但老人除了选择合适而且愿意照顾自己晚年生活的亲朋好友等自然人以外，就只能与村委会、居委会等集体组织签订遗赠扶养协议，范围受限；另一方面，村委会、居委会等集体组织也缺乏照顾老人的专业技能和必要的条件，可操作性较低。

《民法典》的出台，除了完善了遗赠扶养、遗嘱订立、财产继承等方面的规定外，还扩大了遗赠扶养人的范围，明确自然人可以与继承人以外的组织或者个人签订遗赠扶养协议，更好地实现"老有所依、老有所养、老有所医"。本案例中的老林，就可以与社会养老机构签订遗赠扶养协议，只要养老机构对老林履行了生养死葬的义务，在他离世后，养老机构就享有接受遗赠的权利。

遗赠扶养除了能够解决失独家庭老人、孤寡老人的养老问题以外，若子女不孝、不履行赡养义务的，老人还可以剥夺子女的继承权，通过遗赠扶养协议保障自己的晚年生活。从一定层面来讲，《民法典》中的遗赠抚养让子女明白如果自己不尽赡养义务，是可能失去继承父母遗产资格的，这也有助于促进子女尽到赡养父母的义务。由此也能看出，立良法、善法对促进社会文明、提升民众的道德水平是大有助益的。

遗嘱之争引发的惊案

——《民法典》中关于继承权的丧失及被宽宥的规定

　　著名企业家老典坐拥百亿身家，而让其朋友们称羡的不仅是其在商界呼风唤雨的手段，还有他膝下二子大典、小典能力都极为出众。两兄弟都雄心勃勃，在老典的铁腕之下，这几年两人配合默契，开疆拓宇、攻城略地，帮助老典打下了典氏集团商业帝国的半壁江山。

　　今晚是老典的70岁寿宴，典家郊外的别墅里流光溢彩，高朋满座。

　　"感谢各位来宾参加我的70岁寿宴，我今晚非常高兴！也非常感谢我的两个儿子，为我筹办了这场盛大的晚宴。他们都是很优秀的孩子，我老了，希望在座的各位以后能够多指导、帮助我的两个孩子，特别是我的大儿子大典！"三杯过后，老典的声音格外洪亮。

　　台下两名衣冠楚楚的商界大佬在交头接耳：

　　"不用想，老先生肯定要把典氏集团交给大典，按照他们家族的传统，向来都是长子继承。"

　　"嗯，我听说老先生已经立好遗嘱了，他百年之后典氏集团交给大典继承，小典继承的是典氏集团之外的生意和不动产。老先生高风亮节啊，听说遗嘱中还把家族资产划出一半来设立一个慈善基金，交由老先生的弟弟典富民打理。"

　　"啧啧啧，这下子估计典家两兄弟很肉疼啊。"

　　寿宴精心准备的节目一个比一个精彩，觥筹交错间气氛越来越热烈。直到心情极为欢畅的老典不胜酒力，被扶入房间休息后大家才尽欢而散。

　　不料乐极生悲。第二天保姆惊讶地发现老典脑梗发作昏迷不醒，生命垂危，经医院专家紧急抢救后送往ICU观察。祸不单行，几天后大典驾车离开医院时，因过度疲劳、心神恍惚，不慎发生交通事故意外身亡。接二连三的悲剧让典家一片愁云惨雾。更离奇的是，保险柜里老典事先订立的遗嘱不翼而飞。典氏集团的法律顾问张律师在家庭会议上分析，若老典不幸身故，在没有遗嘱的情况下其所有遗产只能按照法定继承进行。鉴于老典的配偶早已过世，已身故的大典也已离异，生前育有一子典谷，典谷基于代位继承制度，与小典共同为继承权人。

震惊困惑之余，老典的弟弟典富民报了警。公安机关的调查结果出人意料，原来竟是大典不满父亲遗嘱中将巨额财产用于慈善，伙同他人在老典睡前喝的牛奶中投毒致其病危。而小典亦为了阻止老典的遗嘱被执行，利用其掌控保险柜的便利已将遗嘱销毁。案情披露后，一时舆论大哗。根据《民法典》的相关规定，大典故意杀害被继承人老典，故其丧失继承权，因此不发生代位继承事由，即大典唯一的儿子典谷没有继承权。小典故意销毁遗嘱属情节严重，亦将失去继承权。

半年后，老典侥幸被救回一条命，幡然醒悟的小典对其悉心照顾。得知儿子大典弑父的兽行，老典痛彻心扉，但因其身故又哀痛不已。看到小典确有悔改表现，老典表示宽宥，于是又重新立了一份遗嘱，将小典列为继承人，并指定集团法律顾问张律师为遗嘱执行人。

 法条链接

《民法典》第一千一百二十五条

继承人有下列行为之一的，丧失继承权：

（一）故意杀害被继承人；

（二）为争夺遗产而杀害其他继承人；

（三）遗弃被继承人，或者虐待被继承人情节严重；

（四）伪造、篡改、隐匿或者销毁遗嘱，情节严重；

（五）以欺诈、胁迫手段迫使或者妨碍被继承人设立、变更或者撤回遗嘱，情节严重。

继承人有前款第三项至第五项行为，确有悔改表现，被继承人表示宽恕或者事后在遗嘱中将其列为继承人的，该继承人不丧失继承权。

受遗赠人有本条第一款规定行为的，丧失受遗赠权。

《民法典》第一千一百四十五条

继承开始后，遗嘱执行人为遗产管理人；没有遗嘱执行人的，继承人应当及时推选遗产管理人；继承人未推选的，由继承人共同担任遗产管理人；没有继承人或者继承人均放弃继承的，由被继承人生前住所地的民政部门或者村民委员会担任遗产管理人。

 ## 律师说"典"

我们常说尊老爱幼、孝顺父母是我们中华民族的传统美德。本案当中，老典事业有成，本以为能够安享晚年、享天伦之乐，但却被自己亲生儿子大典意图夺取性命。大典即使没有发生交通事故，也会被依法追究刑事责任，其继承权随之丧失，而且无法恢复。《民法典》第一千一百二十五条规定了关于丧失继承权的五种情形，本案就属于其中的"故意杀害被继承人"以及"销毁遗嘱"的情形。

故意杀害被继承人，是指继承人主观上有杀害被继承人的故意。继承人只要客观上实施杀害了被继承人的行为，不管是否既遂，都会丧失继承权，且不可恢复。

另外，"伪造、篡改、隐匿或者销毁遗嘱，情节严重"中的"隐匿"是《民法典》新增的内容，继承人实施制作虚假遗嘱、故意改变遗嘱或者销毁遗嘱的行为之一，情节严重的都会丧失继承权。

《民法典》第一千一百二十五条还新增了"宽宥制度"，继承人实施了《民法典》第一千一百二十五条第三项到第五项的情形，即"（三）遗弃被继承人，或者虐待被继承人情节严重；（四）伪造、篡改、隐匿或者销毁遗嘱，情节严重；（五）以欺诈、胁迫手段迫使或者妨碍被继承人设立、变更或者撤回遗嘱，情节严重"的，若继承人确有悔改表现的，被继承人也原谅、宽恕或者事后将被继承人列入遗嘱继承人的，其继承权不会丧失。但是故意杀害被继承人，为争夺遗产而杀害其他继承人的行为不能得到宽恕。

有人说，这样的继承人不应该被宽宥，就不应该有继承权。但其实，《民法典》设置的这个"宽宥制度"是一个温暖的制度，一方面，它给予了继承人悔改的机会，有助于缓解被继承人与继承人之间的矛盾；另一方面，这样的制度充分保障了被继承人处分自己身后遗产的自主意愿和自由，保障了被继承人的财富传承意愿，也符合民法意思自治的基本原则。

微信扫码，加入【本书话题交流群】
与同读本书的读者，讨论本书相关
话题，交流阅读心得

七、侵权责任编

好心让人搭便车也可能需要承担责任

——《民法典》关于无偿搭便车的事故责任承担的规定

　　星期天，爱莲村的张大民开着自己的小货车运送西瓜到省城红星超市。张大民供应的西瓜因品质优良，所以卖得起价，今年收成又好，张大民盘算着这一趟的收益，心情跟西瓜一样甜。

　　谁知小货车刚开出村口，就遇上了同村经常搭便车的张大发。张大民眉头一皱，心想，张大发人倒不坏，就是喜欢占小

便宜，乡里乡亲的，一次两次还好，次数多了难免就会让人觉得心里不舒服。果然，张大发看见张大民的车之后就远远地扬起了手示意停车。"张大民，是要进城吧。我今天刚好也有点事情，捎我一程呗？"张大发一边说着，一边已经打开车门坐上副驾驶位。张大民不好拒绝，只好无奈同意。

车上放着音乐，张大发在旁边一直聒噪地说个不停。六月的天已经又闷又热，张大民的货车不巧空调坏了，还没来得及修。"张大民啊，不是我说你，这么热的天气，连个空调都不开，坐起来真是遭罪啊！"张大民听张大发这么一说，虽然一言不发，但内心更加烦躁。心神恍惚间，路过十字路口时，只听见"咣"的一声响，张大民的小货车和迎面而来的一辆小汽车撞上了，张大民上半身撞在了方向盘上晕了过去，张大发则胳膊骨折。

事后，交警认定，张大民与小汽车车主对该事故负同等责任，张大发在该事故中无责任。

后来，张大发找张大民要求赔偿，"我不管，我是坐你的车受伤的，你必须得赔我医药费！"张大发拦在张大民家门口，张大民也很恼火："你搭我的车，不给车费就算了，受了伤也要我赔偿吗？"双方争执不下。

张大发一怒之下将张大民告上法庭，要求张大民和小汽车的车主共同赔偿其医药费、精神损害赔偿等相关费用，张大民也追加了销售交强险的保险公司作为被告。法院经审理认为：张大民准许张大发搭便车，双方之间已形成好意同乘关系。在运输途中张大民与他人发生交通事故致张大发受伤，应承担侵权责任。但由于张大民是无偿搭载，张大发属于好意同乘者，且张大发明知货车不宜载人而强烈要求搭乘车辆，本身也存在过错，应适当减轻张大民的民事责任。

　　法院遂依法作出判决，驳回张大发要求精神损害赔偿的诉请，在张大民应承担的事故赔偿责任中，由张大民承担70%，并由承保机动车强制保险的保险人在强制保险责任限额范围内予以赔偿，其余30%的责任由张大发自行承担。

 法条链接

《民法典》第一千二百一十七条

　　非营运机动车发生交通事故造成无偿搭乘人损害，属于该机动车一方责任的，应当减轻其赔偿责任，但是机动车使用人有故意或者重大过失的除外。

《民法典》第一千二百一十三条

　　机动车发生交通事故造成损害，属于该机动车一方责任的，先由承保机动车强制保险的保险人在强制保险责任限额范围内予以赔偿；不足部分，由承保机动车商业保险的保险人按照保险合同的约定予以赔偿；仍然不足或者没有投保机动车商业保险的，由侵权人赔偿。

律师说"典"

该案件涉及的是"搭便车"出事故后的责任承担问题。

根据《民法典》第八百二十三条规定："承运人应当对运输过程中旅客的伤亡承担赔偿责任；但是，伤亡是旅客自身健康原因造成的或者承运人证明伤亡是旅客故意、重大过失造成的除外。前款规定适用于按照规定免票、持优待票或者经承运人许可搭乘的无票旅客。"不同于我们平时买票乘车形成的客运合同关系，张大民与张大发之间，是一种好意施惠行为。就这种行为来说，搭车者与驾驶者之间并未形成客运合同关系，即使此时驾驶者拒绝了搭车者的搭车请求，也是不需要承担任何法律责任的。这种关系的特点是：第一，同乘者搭乘他人机动车。第二，搭乘他人机动车的原因是搭乘者的目的地与机动车行驶的目的地仅仅是巧合或者是顺路而已。第三，搭乘者搭乘机动车为无偿。如果搭乘行为是有偿的，则为客运合同所调整。

虽然是免费乘车，但驾驶人员同样仍对乘车人负有不得损害其人身和财产权益的法律上的义务。驾驶人员没有义务一定要将同乘人运送至目的地，但并不意味着他可以使同乘人的人身和财产安全受到损害，否则应当承担损害赔偿责任，这种责任承担的依据是《民法典》第一千一百六十五条："行为人因过错侵害他人民事权益造成损害的，应当承担侵权责任。"

因此，若驾驶人员本身并无过错，事故是由于第三人造成的，此时受侵害的同乘人也只能要求第三人赔偿损失；当驾驶人员本身有过错，例如闯红灯或超速行驶造成损害的，驾驶人员要因此承担责任；若同乘人本身也存在过错，例如明知驾驶人员酒后驾车或者无证驾驶仍要求乘坐的，那么也要承担一部分责任。

自愿参加具有风险的文体活动受伤怎么办？

——《民法典》中自甘风险者的责任承担

"加油，加油，加油！"大学校园的篮球场上，传来此起彼伏的加油呐喊声，夹杂着阵阵哨子声、欢呼声……

燥热的六月，是令人伤感的毕业季。为了让毕业生们愉快地度过毕业前的最后一段学生时光，再次感受在大学校园里肆意挥洒汗水、奋力拼搏的过程，经济管理学院组织了一场"欢送杯"篮球比赛。

球赛开场就如火如荼，参赛的红队和白队的比分一度十分

我还是带你去医院检查一下吧！

胶着，两队交替领先。比赛进行到最关键的第四节，球员们湿透的球衣、急促的呼吸声、越来越沉重的步伐，足以证明比赛的激烈程度。

比赛来到最后两分钟，两队比分打平，球权在红队手中。红队队长阿民持球推进到前半场，面对白队强硬的防守，他与队友一个眼神对视，队友从内线提到三分线进行挡拆。但白队对手们已瞬间领会他们的战术，白队中锋阿典换防阿民，阿民持球突破。

正当场下队员和观众都屏息期待阿民攻入这一球时，突然伴随着一声惨叫，阿民一下子摔向地面。场边的校医看到这一情况，急忙提着医药箱奔向阿民。在仔细检查之后，初步判断阿民是在进攻时，脚不小心踩到阿典的鞋子上，导致脚踝扭伤。

面对纷纷上前关心的队友和对手，阿民笑着说："不用担心我，我没大碍，你们接着好好比赛。"说罢，阿民便在校医的陪伴下到医院进行诊疗。

比赛结束后，两队的队员们来到医院看望阿民，询问伤势。白队中锋阿典一脸愧疚地说："兄弟，对不起，要是我当时没有补上去防你，也许你就不会受伤了。"阿民听后笑着拍了拍阿典的肩膀，说："比赛就应该全力以赴，这样才尊重对手。而且本来篮球运动就有一定的风险，受伤都是家常便饭。"

阿典依然十分愧疚，希望能够帮阿民承担医药费，但最终被阿民婉拒了。

法条链接

《民法典》第一千一百七十六条

自愿参加具有一定风险的文体活动，因其他参加者的行为受到损害的，受害人不得请求其他参加者承担侵权责任；但是，其他参加者对损害的发生有故意或者重大过失的除外。

活动组织者的责任适用本法第一千一百九十八条至第一千二百零一条的规定。

律师说"典"

在上面的故事中，可能大部分人会认为，阿民真是"中国好同学"啊！按理说，哪怕阿典是不小心才导致阿民扭伤，阿典帮助阿民承担部分医药费也是合情合理的。那么，从法律层面来说，阿典是否需要承担阿民的医药费，弥补阿民的损失呢？

首先，我们对阿民的行为性质进行分析。我们常见的篮球、足球、橄榄球等运动，因为参与人数众多，对抗激烈，在运动过程中难免会出现因肢体碰撞，导致参与人员受伤的情况。阿民作为一名即将毕业的成年的大学生，根据生活常识，应该能够预见到参加"欢送杯"篮球比赛存在受伤的风险，但是他仍然自愿参加，说明他愿意承担可能产生的诸如受伤之类的风险。

其次，我们对阿典的行为性质进行分析。阿典作为防守方队员，为了球队的荣誉，需要努力防守进攻方的每一次进攻。在比赛如此胶着的情况下，阿民持球突破即将可能得分，阿典对阿民进行强有力的防守，是阿典理应采取的行动。虽然阿民是因为踩到阿典的脚才扭伤的，但是，阿典没有故意伸出脚去绊倒阿民，他并没有想让阿民受伤的故意。

因此，根据《民法典》第一千一百七十六条的规定，阿民属于自愿参加具有一定风险的文体活动，在活动中因为其他参加者阿典的行为受到损害，阿民不得请求阿典承担侵权责任。所以，从法律层面上看，阿典是不需要为阿民的受伤承担责任的。

《民法典》第一千一百七十六条也被称为"自甘风险"条款。通俗来讲，活动参与者知道活动本身存在一定的风险，但他仍然愿意去参加这个活动，承担这个活动潜在的风险。那么，当风险真正发生时，在其他参与者没有故意或重大过失时，该活动参与者要自己去承担这个风险所造成的后果。在《民法典》颁布之前，对自发性的体育运动中发生的损害问题，司法实践中存在着同案不同判的现象：有的判决被告不承担责任；有的判决被告对受害人适当补偿；有的判决双方各自承担部分责任。司法实践的不统一导致民众在开展体育竞技活动时害怕承担责任，畏手畏脚。《民法典》颁布后，明确了自甘风险就得自担责任的司法裁判规则，为普通民众释放出明确的导向。现在，"弱者有理""死者为大"等道德绑架的想法已不再是主流，责任承担已经有了明确的法律依据。

　　"自甘风险"条款的出台，一方面，可以鼓励民众尊重文体活动的规则，在规则内积极参与活动，从而推动群众运动、竞技体育的蓬勃发展。这对中国体育事业的健康良性发展和国民身体素质不断提高以建设体育大国，提供了有效的法律保障。另一方面，可以让社会活动参与者对是非对错有明确的预判，充分保障每一个个体的合法权益，给民众以满满的安全感，让法、理、情融会贯通，彰显司法正义。

后　记

　　《有"典"无忧——名律师讲〈民法典〉》一书出版之际，是我从事法律行业的第十七个年头。职业生涯中感受最深的，是普罗大众对法律知识的渴求以及他们的法律认知之间存在的巨大鸿沟。

　　法律的权威性、神圣性并不排斥我们对其作出世俗性的认知、解读。徒善不足以为政，徒法不足以自行，法律的灵魂在于其得以有效实施。只有学法才能知法，知法方可更好地守法、用法，但艰深晦涩的法条，是老百姓法律学习的巨大障碍。故而编写一本普法书籍，将晦涩抽象的法律通过一些具体案例，深入浅出地分析、解读，是期望改变上述状况的一次"精卫填海"式的尝试，也是我们不揣浅陋，将从业过程的一些心得体会与读者分享的初衷，以期抛砖引玉，为民法典的宣讲工作添砖加瓦。

　　我所在的广东环球经纬律师事务所，是一个优秀的集体，众位律师之间互相激励，合作无间。其中，张文智、曹融、王儒、黄煜梅、严裕港、王可瑶、刘晓哲、孙琦、黎嘉敏、彭惠英、冯楚欣、付卓鹏、谭焱中、张东妮等年轻律师也参与了本书的部分编写工作。他们严谨的写作态度、深厚的法学功底让人欣喜不已，也为本书的出版节约了大量的时间，在此表示诚挚的感谢。

最后，感谢广东人民出版社为本书的出版提供了机会。钟永宁总编辑在百忙中拔冗与我们探讨本书的体例，并就具体编写提供了很多指导意见。时政读物出版中心的卢雪华、曾玉寒、廖智聪三位同志为本书的质量把控和出版提供了大力保障，不胜感激！

吴昌恒

2020年8月